Martin Luther zur Einführung

Dietrich Korsch

Martin Luther zur Einführung

JUNIUS

Junius Verlag GmbH
Stresemannstraße 375
22761 Hamburg

© 1997 by Junius Verlag GmbH
Alle Rechte vorbehalten
Umschlaggestaltung: Florian Zietz
Titelfoto: dpa, Hamburg
Satz: H & G Herstellung, Hamburg
Druck: Druckhaus Dresden
Printed in Germany 1997
ISBN 3-88506-958-X
1. Auflage Oktober 1997

Die Deutsche Bibliothek - CIP-Einheitsaufnahme

Korsch, Dietrich:
Martin Luther zur Einführung / Dietrich Korsch. - 1. Aufl. -
Hamburg : Junius, 1997
(Zur Einführung ; 158)
ISBN 3-88506-958-X
NE: GT

Inhalt

Anhang

Vorwort

Luther zu verstehen fällt leicht. Denn immer geht es um ein einziges, einfaches Thema: wie der Mensch vor Gott steht.

Luther zu verstehen fällt schwer. Denn wie der Mensch vor Gott steht, das wird von Luther in Sprachzusammenhängen artikuliert und in Weltbildkontexten reflektiert, die nicht die unserer Zeit sind. Schwieriger noch als der Unterschied der Zeiten ist die Zumutung der Sache, die bei Luther zu Wort kommt. Sie verlangt nämlich, die Perspektive der eigenen Selbstdeutung gründlich umzustellen. Gelernt werden soll, nicht von sich aus auf Gott hin zu denken, sondern Gott im eigenen Leben und Denken selbst zum Zuge kommen zu lassen.

Luther zu verstehen zwingt zu unterscheiden. Zwischen Gott und Mensch, zwischen mir selbst als Subjekt des Glaubens und Subjekt des Lebens, zwischen mir und den anderen. Solche Differenzierungen zu lernen ist fruchtbar für das eigene Selbstverständnis, für das Begreifen des Christentums, für die Gestaltung einer humanen Kultur. Religiöse Selbstaufklärung, die bei Luther Maß nimmt, bringt einen Bildungsgewinn mit sich.

Dieses Buch ist ein Wagnis. Es beschreitet einen sehr schmalen Weg, indem es systematische Gesichtspunkte für das Erschließen eines weitgespannten, schwer überschaubaren Werkes zusammenstellt. Der Weg ist auch nicht immer eben. Sondern er verläuft über historische Einsichten aus der Reformationsforschung, über systematische Gedanken der Luther-Deutung und über Beobachtungen zur pluralen Gegenwartskultur.

Wagnisse aber sind auch reizvoll, und ohne sie kommt man womöglich gar nicht zum Ziel. Dieses Buch wendet sich an Neugierige, die einen solchen Weg zu beschreiten bereit sind. Immerhin können sie, anders als der Autor, jederzeit umkehren oder sich verabschieden. Aber vielleicht ergeben sich ja beim Vorwärtsgehen Schritt für Schritt solche Aussichten, die die Mühe des Voranschreitens lohnen.

Meinem Freund Johannes Schilling danke ich für einen intensiven Austausch über die Konzeption dieses Buches und für seine kritischen und konstruktiven Randbemerkungen zur ersten Fassung des Textes. Sein kundiges Urteil hat an nicht wenigen Stellen zu einer Klärung der Sache und zur nötigen Genauigkeit der Sprache geführt.

Hella Birk hat mit mir Korrektur gelesen. Ich danke ihr für die Mühe und die Sorgfalt, die sie aufgewandt hat.

1. Einleitung: Martin Luther in kulturwissenschaftlicher Perspektive

Kultur und Religion

In den neunziger Jahren unseres Jahrhunderts hat sich ein neuartiges kulturelles Interesse an Religion zu Wort gemeldet. Die Existenz dieses Buches in dieser Reihe ist ein Beleg dafür. Jetzt richten sich die Erwartungen nicht an die Wiederholung traditioneller Bestände christlicher Lehre oder an die erneute Einübung überkommener Muster rechten Verhaltens; schon gar nicht, wenn dies unter kirchlicher Ägide geschieht. Die religiöse Neugier ist anders ausgerichtet: auf emotionale Nähe und gedankliche Nachvollziehbarkeit, vor allem auf Vergewisserung im eigenen Leben.

Das aktuelle Interesse an Religion steht im Zusammenhang einer neuen Rolle der Kultur. Diese geht darauf zurück, daß die im 19. und 20. Jahrhundert so erfolgreich gewordene Vergesellschaftung über die Medien der Ökonomie ihre alles bestimmende Funktion zu verlieren beginnt. Nicht, daß sich die Ökonomie aus dem harten Kern der Gesellschaft verabschiedet hätte; gerade ihr unangefochtener Sieg in Form der universell gewordenen Marktwirtschaft führt zur Einsicht in ihre Grenzen. Denn eben in seiner Selbstdurchsetzung greift der Markt auf kulturelle Ressourcen zurück, die er nicht selbst erzeugt. Das tritt insbesondere dort an den Tag, wo die Integration ins System gesellschaftlicher Verbindlichkeit vermittels der Teilhabe am produktiven Wirtschaftsprozeß nicht mehr umfassend gelingt; sei es, weil Rationalisierung und Effektivierung, sei es, weil Arbeitslosigkeit den Anteil kulturell gestaltungsbedürftiger Zeit erhöht.

Daraus folgt ein verändertes Bewußtsein von der Notwendigkeit der Kultur, die damit die Rolle eines bloßen Ornaments der Wirtschaftsgesellschaft verliert. Kulturelle Sinnangebote, das heißt: symbolisch vermittelte Selbstdeutungen, nehmen in der postindustriellen Welt den Rang von Identitätssicherungen ein. Solche gibt es in großer Zahl. Sie sind jedoch keineswegs kompatibel, sondern geraten, in aller Regel, in Konflikt miteinander; insbesondere dann, wenn sie Anspruch auf letzte Gewißheit für die Lebensführung erheben, wie es die Eigenart religiöser Sinnsysteme ist. Insofern gibt es einen fließenden Übergang zwischen kulturellen Sinndeutungen allgemeiner Art und religiösen Sinnsystemen im besonderen. Aus ihrer Funktion letzter Vergewisserung ergibt sich das spezielle gesellschaftliche Interesse an Religion.

Allerdings ist das, was unter dem Namen Religion umläuft oder religiöse Funktion wahrnimmt, keineswegs von einheitlicher Gestalt. Vielmehr ist es aufgrund der durch sie vermittelten Gewißheit naheliegend, daß gerade religiöse Weltanschauungen dazu tendieren, sich gegenseitig auszuschließen. Das gilt insbesondere für solche religiösen Formationen, die zwar selbstgewählt erscheinen, die aber nach stattgefundener Wahl die Selbständigkeit des Wählens wieder aufheben und in normierende Bindungen zurückführen wollen. Auch wenn sich voraussehen läßt, daß diese Religionstypen in der gesellschaftlichen Evolution langfristig wenig Erfolg haben werden, so kommen sie doch kurzfristig als Katalysatoren von durchaus gewaltsamen »Kulturkämpfen« in Betracht.

Darum sind unter den Sinnangeboten der Religion vor allem diejenigen für eine Lebensführung in differenzierten Gesellschaften von Bedeutung, die, indem sie letzte Vergewisserung versprechen, doch zugleich auch individuell angeeignet und variiert werden können, also offen sind für die mögliche Vielfalt der Lebensgestaltung. Hier nimmt, schon aus religionstheoretischer Sicht, das Christentum eine besondere Rolle ein. Aufgrund seiner Zentralidee der differenzierten Einheit von Gott und Mensch hat es sich bis jetzt als mit der modernen Gesellschaftsentwicklung vereinbar gezeigt. Speziell der Protestantismus mit seiner Auszeichnung individuellen Glaubens als maßgeblich für das Gelingen des Lebens vor Gott, also für das Heil, kann dabei den Anspruch erheben, als kulturell pluralitätsfähige Gestaltung religiösen Lebens seine letztvergewissernde Funktion wahrzunehmen. Auf der Linie dieses Interesses stößt man auf Luther als exemplarische Gestalt evangelischen Glaubens. Denn Luther wird historisch und strukturell für die Eigentümlichkeit des Protestantismus in Anspruch genommen – und somit auch für dessen Verhältnis zu den gegenwärtigen Erfordernissen der Kultur. Die aktuelle Luther-Deutung, die hier gegeben wird, ist ein Prüfstein für die Möglichkeit einer produktiven Beziehung von Protestantismus und Kultur.

Die Kulturbedeutung der Reformation

Die Deutungen der Reformation sind kontrovers. Das ist schon deshalb der Fall, weil weltanschauliche Alternativen der jeweiligen Gegenwart stets mitspielen. Ist die Reformation, wie Protestanten behaupten, der Anfang der religiösen und dann auch der bürgerlichen Freiheit? Ist sie, nach katholischer Lesart, der Beginn der modernen Zersetzung aller Werte? Stellt sie, aus einer bestimmten aufklärerischen Perspektive gesehen, eine Bewegung religiöser Reaktion gegen den Aufschwung freien Geistes dar? Worauf alle diese widersprüchlichen Wertungen Bezug nehmen, sind folgende Sachverhalte:

Mit der Reformation beginnt diejenige Phase in der Geschichte der abendländischen Christenheit, in der sie zu lernen hatte, daß es unterschiedliche Konfessionen auf einem Territorium gibt und daß diese zusammen leben müssen. Von Konfessionen ist dabei die Rede, weil es sich nicht mehr nur um unterschiedliche Strömungen religiösen Lebens im Horizont einer einzigen letztverbindlichen Form religiöser Vergemeinschaftung handelt; das hat es immer gegeben. Nun aber stehen sich durch ihre Bekenntnisse, also durch die lehrmäßige Fassung ihrer Frömmigkeit, voneinander unterschiedene Kirchen gegenüber, die je für ihre Gestaltung der Religion den Anspruch auf Wahrheit erheben. Diese miteinander in Konflikt liegenden Wahrheitsansprüche sind insofern von besonderer Art, als sie die Wahrheit eines identischen Sachverhaltes zur Darstellung bringen wollen: Realisation wahren Christentums zu sein.

Es liegt auf der Hand, daß der Ausdruck »Christentum« einen neuen Sinn bekommt, wenn das Christentum in einer Mehrzahl von Erscheinungen vorliegt und jede derselben den Anspruch auf Wahrheit für sich erhebt. Es resultiert aus dieser inneren konfessionellen Vervielfältigung des Christentums aber auch ein neues Modell der Beziehung von Religion und Gesellschaft. Da, wo Religion und Gesellschaft in hohem Maße integriert sind, besitzen religiöse Vollzüge unmittelbar rechtlich-gesellschaftliche Folgen. Das ist im Christentum Mitteleuropas im hohen und späten Mittelalter historisch der Fall gewesen – jedenfalls in Form einer Konkordanz kirchlicher Lehre und staatsrechtlicher Theorie, der zufolge etwa Kirchenbann und Reichsacht miteinander verbunden waren. Diese Stufe der Integration religiösen und sozialen Lebens wird verlassen, wenn eine Mehrzahl von Konfessionen auf einem Territorium nebeneinander besteht. Zwar ist die Religion zunächst gleichwohl noch überall präsent, aber auf weniger ausdrückliche, weniger deutlich sichtbare Art und Weise. Und

12

umgekehrt löst sich die rechtliche Verantwortlichkeit von der religiösen Kontrolle des Gewissens ab. Dafür gewinnen religiöse Gemeinschaften ein stärkeres Eigenleben und entwickeln eine kohärentere innere Struktur; das ist ein Vorgang, der auch in den einzelnen Konfessionen eine interne Pluralisierung befördert. Die Interaktionen zwischen Religion und Kultur werden vielförmiger, undeutlicher, individueller.

Denn das ist das Nadelöhr, durch das die Einbindung der Religion in die gesellschaftliche Kultur zunehmend erfolgt: individuelle Zustimmung zur (erworbenen) Religion. Keinesfalls verhält es sich so, als würde Religion zur Sache völlig unbestimmter Wahl; stets findet noch eine so oder so prägende Erziehung als Vertrautwerden mit ihr statt. Aber die Übernahme für die letzte Deutung des eigenen Lebens wird faktisch durch individuelle Aneignung ratifiziert, und sei es nur in der Weise, daß man um die abstrakte, selbst gar nicht in Anspruch genommene Möglichkeit einer alternativen religiösen Orientierung weiß. Als Repräsentant einer solchen individuellen Transformation überkommener Religion mit dem Anspruch auf letzte Wahrheit und Gewißheit kommt, nicht zu Unrecht, Martin Luther in den Blick. Er gilt als Gestalt, die die geistige und soziale Differenzierung befördert hat. Dabei bleibt es nicht aus, daß sich spätere Interessen eines Zeitalters noch größerer gesellschaftlicher Entfaltung an seine Person heften. Jedoch auch dann, wenn man diese Rückspiegelungen abzieht, bleibt sein Lebenslauf und bleibt die von ihm errungene Deutung des Christseins ein Exempel für die Behauptung des Individuellen in der Religion und, dem folgend, in der Gesellschaft.

Konfessionelle Pluralisierung des *einen* Christentums, gesellschaftliche Entflechtung der Religion, individuelle Letztvergewisserung im Glauben – dabei handelt es sich allemal um fortschreitende Differenzierungen. Es läßt sich leicht sehen, inwiefern diese Sachverhalte unterschiedlich gewertet werden können. In protestantischer Deutung ergeben sie einen einzigen, schlüssigen Zusammenhang, in dem sich der Sinn des Christentums erfüllt: Aus individuellem Glauben kommt das Heil; persönliche Verantwortung ist der letzte Grund gesellschaftlicher Kompetenz. Nach katholischer Auffassung stellt diese Abfolge eine extreme Gefährdung des kirchlichen Gemeinschafts- und Heilssinnes des Christentums dar: Der Individualismus des Glaubens verliert jeden Halt, folglich gerät die gesellschaftliche Moral aus den Fugen. In laizistischer Wahrnehmung handelt es sich um einen widersprüchlichen Vorgang, weil befreiende Momente doch wieder religiös eingebunden werden; auf die Befreiung auch von diesen mythologischen Resten käme es an. Nun hängt die Wahl der Deutungsperspektive nicht nur vom eigenen Herkommen ab, sondern auch von der Plausibilität der Einschätzung unserer gesellschaftlichen Gegenwart. Dieses Büchlein versucht Argumente für eine Debatte über Luther bereitzustellen, die sowohl historisch zuverlässig als auch kulturell kompetent geführt werden kann.

Absicht und Grenzen

Die folgende Luther-Darstellung baut auf einer breiten Forschung auf, auf deren Vielfalt nicht eingegangen werden kann. Sie entnimmt der theologischen Luther-Deutung die für eine kulturelle Betrachtung produktive Einsicht, daß es sich bei Luthers Werk um die Ausarbeitung eines Geflechts von Differenzen handelt, für die eine sie aufhebende Einheit nicht gefunden werden kann.[1] Ja, es wird die Auffassung vertreten, daß es gerade diese Darstellungsweise ist, durch die das Eigentümliche des Christentums besonders klar zur Anschauung kommt.

Es ist diese Klarheit, der die kulturwissenschaftliche Perspektive auf Luther bedarf. Denn nur dann, wenn man sich über die Leistungsfähigkeit einer originären differenzbewußten Deutung des Christentums begrifflich Rechenschaft gibt, kann man ein begründetes Urteil über die Möglichkeiten fällen, die in ihm für die Differenzkultur der Gegenwart enthalten sind. Das ist der Grund, warum in dieser Darstellung der Aufbau eines systematischen Zusammenhangs der Gedanken Luthers versucht wird. Die Systematik, die sich dabei ergibt, folgt freilich nicht der Logik einer herkömmlichen Darstellung christlicher Lehre, sondern versucht, den gesamten Umriß des Christlichen aus der Sichtweise von Luthers theologischer Deutung religiöser Erfahrung zu geben. Natürlich enthält eine derartige gedankliche Rekonstruktion nicht geringe Risiken in sich. Ich habe, um dieses Risiko zu vermindern, die Darstellung an relativ wenigen, aber wichtigen Schriften orientiert, statt sie mit vielen verstreuten Stellenbelegen zu versehen. Das macht sie, so hoffe ich, für den Leser leichter nachprüfbar; ohnehin besteht die Absicht dieser Einführung darin, zur eigenen Luther-Lektüre anzuregen.

Wer ausführlichere Informationen wünscht, sei auf die umfangreiche Biographie von Martin Brecht verwiesen, auf die jüngste Darstellung der Theologie Luthers von Bernhard Lohse, schließlich auf die Leben und Werk in großer Dichte und Präzision verknüpfende Arbeit von Reinhard Schwarz. Die bibliographischen Angaben zu diesen Werken finden sich im Anhang.

2. Individuum und Epoche

Das Problem historischer Epochen

In seinen 1822-1831 gehaltenen Vorlesungen über die Philosophie der Geschichte hat Hegel in Luther diejenige Gestalt gesehen, in der die Wahrheit der christlichen Religion unverbrüchlich mit dem subjektiven Geist vereint wurde, und er hat dieses religiöse Ereignis als die »Fahne des freien Geistes«, als den Beginn bürgerlicher Freiheit gefeiert. Damit ist Hegel zum Ahnherrn einer protestantischen Luther-Deutung geworden, die mit der Reformation die Neuzeit beginnen ließ.[2] Zu Beginn des 20. Jahrhunderts hat der Theologe und Kulturphilosoph Ernst Troeltsch zurückhaltender und differenzierter geurteilt. Er unterschied zwischen der Person Luther als einer religiösen Ausnahmegestalt, zwischen Luthers eigener spätmittelalterlicher Weltanschauung und den in der Reformation umrißweise sichtbar gewordenen frühneuzeitlichen Anfängen einer bürgerlichen Freiheitskultur, die erst in der Aufklärung eine feste Kontur gewonnen habe.[3] Wie gehört Luther in seine Epoche? Und worin besteht der Beitrag der Reformation zur Genese der modernen Welt? Die Frage der historischen Epochenbildung beschäftigt die gegenwärtige Geschichtsschreibung intensiv; dazu muß sich auch eine kulturwissenschaftlich orientierte Luther-Deutung verhalten.[4]

Es ist der historische Rückblick, der Ereignisse der Vergangenheit zu einer Einheit zusammenfaßt, die im Bewußtsein der jeweiligen Zeitgenossen nicht als solche besteht. Diese Einheit kommt durch Auswahl zustande, indem aus der schier unendlichen Menge von historisch Erfaßbarem diejenigen Daten und Faktoren ausgesucht werden, die sich zu einem – wie immer auch widersprüchlichen – Bild zusammensetzen. Nun ist es die Frage, nach welchem Muster diese Auswahl geschieht. Für den Aufbau eines solchen Musters kommen zwei unterschiedliche Momente zusammen. Einmal sind es die Nachzeitigkeit und der Differenzierungsreichtum der jeweiligen Gegenwart des Historikers, die ihn seine Fragen stellen lassen. Aufgrund der historisch späteren Lage steht er in der Folgegeschichte seines Untersuchungsgegenstandes und vermag sie zu überschauen; er weiß also, anders als die Zeitgenossen, worauf einzelne Ereignisse und Ereigniskomplexe hinausliefen. Und er kann von der inzwischen verfeinerten gesellschaftlichen Entwicklung profitieren; also Brüche und Spannungen wahrnehmen, die den historischen Personen noch gar nicht oder nicht deutlich bewußt waren. Das andere Moment betrifft die kritische Konfrontation dieser aktuellen Perspektive mit dem historischen Gegenstand. Wenn der Historiker seine aktuellen Kategorien nicht umstandslos in die Vergangenheit hineintragen will, dann muß er sich an bestimmten Leitworten und Grundvorstellungen orientieren, die eine Zeit, selbst wieder auf dem Fundament ihrer eigenen Vergangenheit stehend, ausgebildet hat. Denn stets gibt es – und das kann der Historiker genauer sehen als die historischen Subjekte – bestimmte Muster und Formen der Selbstdeutung, die in einer historischen Gegenwart mehr oder weniger kollektiv, mehr oder weniger gruppenspezifisch geteilt werden. Es ist daher nicht erst der Historiker, der die Daten der Geschichte zusammensetzt; er bedient sich bei seiner Konstruktion schon derjenigen Strukturen und Selbstbilder, die Menschen in ihrer Zeit selbst ausgebildet haben.

Nun sind natürlich diejenigen Phasen in der Geschichte von besonderem historischen Interesse, in denen Leitvorstellungen zusammenbrechen und von anderen abgelöst werden. Die Geschichte ist insofern nicht ein einziger großer Fluß, sondern legt selbst eine Gliederung in Epochen nahe. Diese Leitvorstellungen ändern sich im Unterschied zur schnellebigen Ereignisgeschichte in größeren Zeiträumen. Zwischen der jeweiligen Geltung eines solchen Bündels von Grundannahmen steht eine Übergangszeit, in der alte Zeitdeutungen sich abgenutzt haben und neue sich ausbilden. Historische Epochen sind durch solche Krisenzeiten der Ungewißheit voneinander unterschieden.

Für den Historiker sind diese Übergangsphasen aus zwei Gründen aufschlußreich. Einmal, weil er die Ereignisgeschichte zu der geschichtlichen Abfolge von Strukturen in Beziehung setzen kann. Sodann, weil sich am Muster der Übergangskrise methodische Erkenntnisse für die Neukonstellierung von Epochen überhaupt gewinnen lassen, die über den konkreten Fall hinaus exemplarisch sind. Dabei tritt freilich sogleich die Nötigung ein, sich zum Zwecke der Ermittlung neu entstehender Deutungskategorien geschichtlichen Lebens auf die Zeugnisse solcher individuellen Personen einzustellen, die durch ihr Reden und Handeln zur Heraufkunft neuer Selbstverständnismuster beigetragen haben. Das ist die unersetzbare Funktion historischer Individuen für die Ausbildung von Epochenübergängen. Auch und gerade ein strukturgeschichtliches Interesse kann der paradigmatischen Rolle individueller Akteure in der Geschichte nicht entbehren.

Die Reformation – ein Epochenwandel?

Troeltschs Kritik an Hegels Periodisierung läßt sich als Plädoyer dafür verstehen, die Ungleichartigkeit von Struktur- und Ereignisgeschichte ernst zu nehmen. Sein Vorschlag hat darum verständlicherweise Zustimmung unter den Historikern gefunden.

Danach wird die Reformation in einen langdauernden Transformationsprozeß des Mittelalters in die Moderne eingeordnet, der bereits im 14. Jahrhundert beginnt und bis ins 17. Jahrhundert reicht.

Aber gerade dann, wenn man sich auf so weitreichende, in sich vielschichtige Veränderungsvorgänge einstellt, ist es unverzichtbar, die spezifische Rolle kürzerer Zeiträume in dieser Gesamtentwicklung zu beschreiben. Das sei im folgenden in der hier gebotenen Kürze so versucht, daß die Ausgangslage *vor* der Reformation in einigen Aspekten den Veränderungen gegenübergestellt wird, die Mitte des 16. Jahrhunderts eingetreten sind.

Man bedient sich bisweilen des sehr pauschalen Wortes von der Einheitskultur des Mittelalters, die das Gepräge eines Corpus christianum besessen habe. Damit ist ein durch alle Lebensbereiche hindurchgreifendes gesellschaftliches System gemeint, das entscheidend von der Kirche reguliert wird. Doch diese Vorstellung trifft für das ausgehende 15. Jahrhundert in Deutschland nicht mehr zu; wenn es dieses System überhaupt jemals in idealtypischer Reinheit gegeben haben sollte. Vielmehr zerfiel Deutschland zu jener Zeit sowohl politisch als auch kirchlich in sehr kleinteilige, relativ selbständige Momente, die einigermaßen statisch aufeinander bezogen und miteinander verknüpft waren.[5]

Das zeigt sich zuerst an den politischen Verhältnissen. Das Reich, dessen Bezeichnung erst seit 1486 mit dem Zusatz »deutscher Nation« versehen war, stellte einen vergleichsweise lockeren Verbund von weltlichen und geistlichen Territorien sowie von – mehr oder weniger selbständigen – Städten dar. Dabei gab es, so traditionell die Verfassung war, auch viele rechtliche Unklarheiten, z.B. doppelte, eigentlich einander widersprechende Abhängigkeitsverhältnisse. Grundsätzlich war es geprägt durch das Gegeneinander von Kaiser und Reichsständen. Auf den Reichstagen von Worms 1495 und Augsburg 1500 gelang es diesen Reichsständen, den Einfluß des Kaisers durch regelmäßig stattfindende Reichstage (und deren Beschlüsse, die Reichstagsabschiede), das Reichskammergericht und eine »Reichsregierung« einzuschränken; auch dieser zentralisierenden Verfassungsabsicht war jedoch ein zentrifugales Moment eigen, nämlich die relative Selbständigkeit der Reichsstände nach innen. Scheinbar beharrlich, in Wahrheit aber voll innerer Spannung – so stellte sich die politische Landschaft dar; eine Situation, die nach dieser oder jener Seite hin auf eine Lösung zulaufen konnte, aus der sich jedoch noch keine Richtung ergab, in die es gehen sollte.

Dasselbe Bild einer instabilen Statik vermittelte die Kirche. Auf der einen Seite gab es eine wenig funktionsstarke Institution, die mannigfach fremdbestimmt war durch vielfältige weltliche Interessen und dynastische Rücksichten. Auf der anderen Seite stand eine lebendige religiöse Praxis, die die Kirche als Vermittlerin des Heils in Anspruch nahm. Aber beides war miteinander nicht klar verbunden; die kirchlichen Reformbestrebungen im 15. Jahrhundert, die den Konziliarismus gegen die Papstmonarchie stark machen wollten, waren nicht ans Ziel gelangt. Noch war es die Kirche als solche, die das – weite und elastische – Band zwischen allen diesen Verschiedenheiten darstellte, noch gab es zu ihr als der einen Institution der Religion keine Alternative.

Wenn man mit Recht von einer »Einheitskultur« reden wollte, dann dürfte man darunter nicht eine monolithische, streng rational durchgegliederte, in einer einzigen Spitze auslaufende Gesamtkultur verstehen. Sondern eher dies, daß es eine breite Vielfalt gab, die deshalb unterschiedlich blieb und bleiben konnte, weil sie den grundsätzlichen obersten Zusammenhang nicht antastete, nämlich Kirche und Reich, die miteinander bestehen und sich füreinander verantwortlich wissen. Und das galt auch dann, ja gerade dann, wenn »Kirche« und »Reich« zu wenig aussagekräftigen Chiffren für die globale Zusammengehörigkeit geworden waren.

Schauen wir nun auf die Situation *nach* der Reformation, also ins Jahr 1555, in dem der Reichstag von Augsburg den Beginn einer längeren Friedensphase im Reich markierte. In Augsburg setzten sich die deutschen Territorien – wie schon im Passauer Vertrag von 1552 – im Grunde gegen den Kaiser durch. Sie waren es, die sich nun für die lokalen Kirchen zuständig erklärten. Karl V. war, nachdem er 1547 noch einmal zu voller Machtentfaltung gelangt war, von den Realitäten der territorialen Selbständigkeit eingeholt worden. Das Aufeinanderverwiesensein von Kaiser und Reich kam damit an sein Ende. Die Territorien konnten – auch auf Kosten der Städte – als die politischen Gewinner der Reformation gelten. Die faktische Zerschlagung der Reichseinheit und die Übertragung der politischen und landeskirchlichen Vollmachten auf die Territorien ermöglichten nun aber zugleich den Aufbau einer effektiven, sehr viel autoritäreren und durchgreifenderen Verfassung nach innen, die die alten ständisch-gemäßigten Vergesellschaftungsformen überholte. Repression konnte zum Modernisierungsmittel werden.

Dafür, daß dies geschehen konnte, war aber der andere, der kirchlich-kulturelle Faktor in erheblichem Maße mitverantwortlich. Denn der Augsburger Reichstag von 1555 sorgte nur insofern für einen Frieden zwischen den Religionsparteien, als er den Streit neutralisierte, genauer gesagt: fortbestehen ließ. Der jeweilige Wahrheitsanspruch der konfessionellen Parteien wurde für insgesamt unentscheidbar erklärt; damit aber wurde der jeweilige konfessionelle Besitzstand konserviert. Das hieß nun wiederum: Im Innern der Territorien wurde der Streit um die religiöse Wahrheit nicht mehr ausgefochten; und auch das war ein gewaltiger Hebel für eine durchgreifende Modernisierung und Homogenisierung der neu erstarkten staatlichen Einheiten.

Hinzu kam die Asymmetrie in der Beurteilung der Religionsparteien untereinander. Die katholische Seite sah den Gegensatz einfach und schroff: Hier ist die eine wahre Kirche – dort sind die Ketzer, die zurückgeführt oder ausgerottet gehören. Die protestantische Sicht war schwieriger, weil differenzierter. Denn da wußte man, daß die wahre Kirche, also die Zahl derjenigen, die an Christus glauben, nicht deckungsgleich ist mit einer empirischen, nicht einmal der eigenen Kirche. Es gibt daher in der alten Kirche durchaus wahre Christen; und umgekehrt sind nicht alle, die sich jetzt evangelisch nennen, sogleich auch Glieder der wahren Kirche. Es handelt sich bei dieser protestantischen Perspektive um eine vom Unterschied bestimmte Sicht, die sich als Selbstunterscheidung auch nach innen richtet. Wenn man nun diese beiden Beurteilungen einander gegenüberstellt, dann ist leicht zu sehen, wie ungleich ihr Verhältnis ist. Homogenisierung wird auf der katholischen Seite gefordert, Differenzierung auf der protestantischen. Diese hier zum ersten Mal in Europa aufgebrochene Struktur läßt sich als »Konfliktkultur« bezeichnen. Sie besitzt faktisch eine doppelte, in sich widersprüchliche Folge. Einerseits grenzen sich die Religionsparteien – gegen den reformatorischen Impuls auf Reform der ganzen Kirche – äußerlich voneinander ab; auf der anderen Seite kann sich – gegen das katholische Verlangen – keine Seite langfristig der inneren Differenzierung entziehen, weil, trotz aller Repression, das Angebot einer äußeren Alternative stets auch Veränderungen im Inneren nach sich zieht.

Das heißt zusammengefaßt: Das geschichtliche Ergebnis der Reformation ist ein gesamtgesellschaftlicher Differenzierungsschub. Was vorher in einer relativ instabilen Statik verharrte, trat nun auseinander; freilich so, daß es sich nach innen auch wieder verhärtete. Mit der äußeren wachsenden Vielfalt ging eine innere Homogenisierung einher. Das ist es, was die Historiker derzeit unter dem Stichwort der Konfessionalisierung beschreiben. Im Rahmen dieser Konfessionalisierung bildeten sich die politischen und administrativen Strukturen aus, die die frühmoderne Gesellschaft prägen.

Ist die Reformation eine eigene Epoche, ist sie der Beginn der Neuzeit? Wichtiger als die Entscheidung im Sinne eines einfachen Ja oder Nein ist die Einsicht in die Differenzierungen und Ungleichzeitigkeiten, die sich, durch die Reformation vermittelt, in Deutschland aufbauten.

Luther – ein weltgeschichtliches Individuum?

In diesen Beschleunigungsvorgang geschichtlicher Entwicklung gehört Martin Luther hinein. Mit guten Gründen muß man sich gegen eine personalisierende, idealistische Geschichtsschreibung aussprechen, nach der Individuen Geschichte machen. Genausowenig plausibel aber ist ein reiner Strukturalismus oder Materialismus, der die lebendigen Personen zu Funktionen ihrer Zeit macht. Im Sinne des obengenannten Gedankens, daß gerade die Suche nach Umdeutungen des Selbstverständnisses der Menschen in der Geschichte den Blick auf einzelne lenkt, kommt es statt jener unschlüssigen methodischen Alternative darauf an, in den Neu- und Umdeutungen einzelner – öffentlich bekannter oder weniger beachteter – Menschen das Potential zu entdecken, von dem andere Gebrauch machen, von dem am Ende ein Zeitalter zehrt. Auch hier sei der Versuch gemacht, in aller Knappheit auf die Veränderungen hinzuweisen, die Luther durch sein Wort und seine Tat befördert hat.

Fragt man nach den historischen Voraussetzungen, unter denen Luther herangewachsen ist, dann kommen als erstes Bildungsmomente im weitesten Sinne in den Blick, darunter an vorderster Stelle die damalige Frömmigkeit. Aus ihr sollen jetzt nur zwei Aspekte herausgehoben werden. Einmal, daß es die Fröm-

migkeit war, über die weite Strecken der gesellschaftlichen Selbst-
verständigung liefen. Wie einer im menschlichen Sozialverbund
stand, war entscheidend dadurch bestimmt, wie dieser jeweilige
Stand in die göttliche Ordnung der Welt eingeflochten war. Die
religiöse Metaphorik besaß Schlüsselcharakter für die gesellschaftliche Kommunikation. Das zweite Moment ist, daß es in der
Frömmigkeit an der Schwelle vom 15. zum 16. Jahrhundert einen
ungeheuren Erwartungsdruck gab, ein intensives Verlangen nach
Heil. Das ist belegt durch eine reiche Frömmigkeitskultur, in der
regelmäßige, eher im kleinen Kreis gepflegte religiöse Übungen
ebenso eine Rolle spielten wie außerordentliche Massenereig-
nisse, darunter vor allem zahlreiche Wallfahrten, die manchmal in
Pogrome gegen die Juden ausarteten. Fragt man nach den Motiven
dafür, dann muß man sagen: Offenbar war die religiöse Integra-
tionskraft der Gesellschaft in jener Zeit an eine gewisse Grenze
gestoßen. Das Leben, so sehr es sich religiös definierte, verlangte
nach mehr, als man derzeit hatte und haben konnte. Und dieses
Mehr schwankte zwischen religiös-absolutem Heil und einer rela-
tiv-profanen Gesellschaftsveränderung. Dies war ein wesentlicher
Faktor des kulturell-gesellschaftlichen Lebens der Zeit.

Ein zweiter Faktor unter den historischen Voraussetzungen
Luthers war die wirtschaftliche Lage, die vor allem – neben lokalen Erfolgen im Bergbau – vom Aufstieg der Städte durch Hand-
werk und Handel geprägt war. In diesen Zusammenhang gehört
eine technische Innovation, die Schlüsselcharakter besaß, nämlich
der Buchdruck, der die Möglichkeiten der Kommunikation mit
einem Schlag potenzierte. Allerdings war, damit es dazu kommen
konnte, vorausgesetzt, daß es Menschen gab, die lesen – und: die
sich Bücher leisten konnten. Beides war eben vor allem in den er-
starkenden Städten der Fall. Daraus folgte eine Wechselseitigkeit
von technischer Innovation und gesellschaftlicher Akzeptanz –
ein Sprungbrett für sozialen Wandel.

Ein dritter Faktor war die schon erwähnte politische Lage im Heiligen Römischen Reich Deutscher Nation. Sie war gekennzeichnet durch das einigermaßen labile Neben- und Ineinander von vier Mächten. Da war einmal der Kaiser; Herrscher in seinen habsburgischen Erblanden, aber im Reich nur mittelbar präsent. Sodann spielten die mächtig gewordenen Reichsstädte (Augsburg, Nürnberg) eine Rolle; in ihnen fand die schnellste gesellschaftliche Entwicklung statt. Weiter waren die Territorien von Bedeutung, vor allem die Kurfürstentümer; in ihnen wuchsen das Selbstbewußtsein und der Autonomieanspruch gegenüber der Zentralinstanz, dem Kaiser. Und schließlich, nicht zu vergessen, kam der Papst als politische Macht in Betracht; er besaß eine dreifache Einflußmöglichkeit auf das Reich: über Bündnisse mit fremden Mächten (z.B. Frankreich), über die geistlichen Kurfürsten (die aber stets auch ein nicht unerhebliches Eigeninteresse besaßen), über die Menschen in der Kirche (die von der Kirche moralisch geleitet und erzogen wurden). In diesen Voraussetzungen lebte Luther, und seine Wirkung als historisches Individuum entfaltete sich genau unter diesen Umständen.

Nicht zu Unrecht ist dabei Luthers Auftritt vor Kaiser und Reich auf dem Reichstag zu Worms 1521 als Schlüsselszene gewertet worden. Gemäß altem Rechtsverfahren hätte Luther, der aus kirchlicher Sicht bereits seit November 1520 offiziell als Häretiker anzusehen war, zugleich unter die Reichsacht fallen müssen. Das historische Novum, daß er statt dessen mit kaiserlichem Geleitbrief nach Worms geladen wurde, um sich über seine Schriften befragen zu lassen, ergab sich vor allem aus der gespannten und unklaren politischen Lage zwischen Kaiser, Kurfürsten und Papst. Luther lehnte den überraschend von ihm geforderten Widerruf nach gründlicher Überlegung ab:

»Wenn ich nicht durch Schriftzeugnisse oder durch einen klaren Grund widerlegt werde [...], so bin ich durch die von mir angeführten Schriftworte bezwungen. Und solange mein Gewissen durch die Worte Gottes gefangen ist, kann und will ich nichts widerrufen, weil es unsicher ist und die Seligkeit bedroht, etwas gegen das Gewissen zu tun. Gott helfe mir. Amen.«[6]

In dieser Schlußäußerung seines Verhörs sind auf offenkundige Weise diejenigen Momente versammelt, die für seine historische Wirkung in seiner Zeit ausschlaggebend wurden. So gewiß er hier, vor dem Reichstag, als politischer Akteur auftrat, so gewiß war doch, daß er sich auf religiöse Gründe berief, um seine Auffassung zu stützen. Es war die ja auch von den Zeitgenossen artikulierte Frage nach dem absoluten Heil oder der Seligkeit, die den Ausschlag gab. Aber nun wurde das Heil nicht vom Bleiben in der Institution, der Lehre und Praxis der Kirche abhängig gemacht, die dieses Heil vermittelte, sondern allein vom Gewissen, das durch das Wort Gottes in der Bibel bezwungen war. Und diese Bindung war so stark, daß sie auch von den höchsten weltlichen Autoritäten nicht relativiert werden konnte.

Luther wurde dann, am Ende des Reichstags, geächtet. Er ist aber dadurch nicht als politische Person von der Bühne verschwunden: Die Acht konnte, da Luthers Landesherr Friedrich der Weise von Kursachsen ihr faktisch nicht zustimmte, nicht vollstreckt werden – auch wenn Luther fortan die kursächsischen Lande nicht mehr verlassen durfte. Die Berufung auf Gott und Gewissen gewann in Worms eine politische Dimension.

Freilich wäre dieser nadelfeine Riß im Übereinstimmungsgefüge von Kirche und Reich, der sich zwischen Bann und Acht andeutete, ein vereinzelter Zwischenfall geblieben, hätte nicht Luthers Überzeugung publizistischen Widerhall gefunden – bereits vor dem Gang nach Worms und erst recht danach. Dieser aber wurde nur möglich durch den Buchdruck und die Tatsache, daß es Leser und Käufer für die schnell erscheinenden, meist kurzen Druckschriften gab. Luthers Schriften, ebenso wie Schriften über ihn, fanden insbesondere deshalb Resonanz, weil in ihnen das Stichwort der Freiheit prominent vorkam; und damit wurden seine Auffassungen anschlußfähig für die sich wandelnde Selbstdeutung vor allem des aufstrebenden, ökonomisch erfolgreichen Bürgertums in den Städten.

In einer materialistischen Geschichtsbetrachtung konnte dieser Umstand zur Konstruktion einer »frühbürgerlichen Revolution« anleiten, in der Luther selbst nur als ein Getriebener der wirtschaftlichen Verhältnisse seiner Zeit zur Geltung kam. Diese Interpretation ist aber unbefriedigend. Denn die soziale Resonanz von Luthers religiösen Schriften war allein deshalb gegeben, weil diese dem elementaren, auf vielfache Weise Befriedigung suchenden Bedürfnis nach Heil eine einfachere und überzeugendere Antwort gaben. Das Heil konnte nun in der direkten Konfrontation mit Gott und der unmittelbaren Rettung durch ihn gesucht werden – statt auf mühsamen, immer von Ungewißheit begleiteten, fortwährend steigerungsfähigen, auch finanziell umsetzbaren Wegen kirchlicher Seelenleitung und Handlungsnormierung. Die Frömmigkeit war und blieb das entscheidende Medium für die gesellschaftliche Selbstdeutungssemantik.

Hierin herrschte Kontinuität zum späten Mittelalter, und genau insofern besteht Troeltschs Auffassung vom vorneuzeitlichen Charakter Luthers und der Reformation zu Recht. Keineswegs verhält es sich so, daß mit dem einen Individuum Luther eine neue Epoche begann. Dagegen spricht, noch ganz abgesehen von der religiösen Weltbildkonstanz, auch schon die notwendige Einzeichnung dieses individuellen Lebens in den politischen und wirtschaftlichen Zusammenhang der Zeit. Im Ensemble seiner Zeit trat Luther als ein wichtiger Akteur auf; aber er war das auch nur, indem andere Personen und Mächte ihre Rolle spielten. Das heißt für die Frage nach dem Verhältnis von Individuum und Epoche: Schaut man auf den Verlauf der Geschichte, dann ist Luther eine nicht unbedeutende Figur der Reformation als einer erst beginnenden, widersprüchlichen, von Ungleichzeitigkeiten geprägten Zeit, einer Zeit der Beschleunigung im langfristigen Übergang vom Mittelalter zur Neuzeit.

Von dieser verlaufsgeschichtlichen Sicht ist aber noch einmal die paradigmatische zu unterscheiden. Zwar muß man der Auffassung widersprechen, daß Individuen Epochenzäsuren setzen; umgekehrt aber verhält es sich doch auch so, daß in individuellen Lebensdeutungen ein Potential enthalten ist, das in anderen, entfernteren Kontexten fruchtbar rezipiert werden kann. Luther hatte, so ist an der Szene von Worms zu erkennen gewesen, auf der Basis des Heilsverlangens – also der Suche nach letzter Authentizität und Anerkennungsfähigkeit des eigenen Lebens – eine religiöse Neudeutung der christlichen Botschaft vorgenommen, die für die Zeitgenossen in ihren Denkerfahrungen und Erwartungshorizonten aufschlußreich und zustimmungsfähig war. Das, was im Ablauf der Geschichte nur als ein Moment des Bruchs in der gewachsenen Einheit von Kirche und Reich, von Religion und Gesellschaft zutage trat, enthielt, gerade weil es in religiösen Kategorien von letzter, gewissenbestimmender Reichweite formuliert war, eine Deutungskraft in sich, die über die Wirkungsgeschichte hinausging. Das dürfte übrigens einer der Gründe für die verschiedenen Luther-Renaissancen in der europäischen Neuzeit sein. Luther machte den Bruch mit der Tradition als Bruch zum Thema, indem er ihn in religiöser Selbstdeutung prinzipielle Schärfe gewinnen ließ. Den Bruch als Bruch zu thematisieren bedeutet erstens, in hervorgehobener Weise von Freiheit Gebrauch zu machen; das haben schon die Zeitgenossen verstanden. Es bedeutet zweitens, sich selbst mit in diese Unterscheidung einzubeziehen: Durchgreifend ist der Bruch nur dann, wenn er auch die eigene Person einschließt. Schließlich gilt drittens: Zum Thema erheben läßt sich dieser Bruch als Bruch nur dann, wenn man zugleich um das Verbindende weiß, das jene zerbrechenden Seiten auch wiederum zusammenhält; dieses aber muß so gedacht werden, daß es der Wirklichkeit der Unterbrechung ihre Schärfe nicht nimmt. Gerade dann, wenn wie heute die Luther mit dem späten Mittelalter verknüpfende Weltanschauungskontinuität nicht mehr gegeben ist, gewinnen Luthers Unterscheidungen fundamentalen Sinn.

3. Leben und Lehre

Ein Lebensweg mit Brüchen

Biographische Kontinuität ist mehr als die raumzeitliche Konstanz eines Lebewesens. Sie kommt zustande durch Selbstdeutungen, die das gelebte Leben begleiten. Selbstdeutungen aber sind wandelbar, und dieser Wandel ist bisweilen von einer Tiefe, daß er nur noch als Bruch der eigenen absehbaren, geplanten Lebenslinie verstanden werden kann. So ist es Luther ergangen; und das nicht nur einmal, sondern an zwei verschiedenen Stationen seines Lebens: mit seinem Schritt ins Kloster hinein und dann wiederum mit seinem Weg über das Kloster hinaus. Mit der letzten Wende freilich hatte er ein Verständnis seines Lebens erreicht, bei dem er zu bleiben vermochte, weil es so grundsätzlich angelegt war, daß es ihn in die Lage versetzte, alle geschichtlichen Veränderungen, die er auch weiterhin erlebte, zu integrieren. Es war dieses aus der eigenen Selbstdeutung erwachsene Lebensverständnis, das dann auch den Zeitgenossen einleuchtend und nachvollziehbar erschien. Das war deshalb der Fall, weil hier eine Lebensdeutung vorlag, die zwei Bedingungen erfüllte: Sie wurde in strenger Weise als Selbstdeutung vor Gott vollzogen; und sie war von der Art, daß sie das eigene Leben als eine brüchige Ganzheit zu sehen lehrte. Wie diese Lebensdeutung aus Luthers Lebenslauf herausgewachsen ist, das ist das Thema dieses Kapitels.

Luther wurde am 10. November 1483 in Eisleben geboren. Seinen Vornamen Martin verdankt er dem Tagesheiligen des folgenden Tages, an dem er getauft wurde. Luthers Vater Hans Luder stammte aus dem Westen des Thüringer Waldes. Er hatte auch als ältester Sohn eines Bauern nach dortigem Recht keinen Anspruch auf den Erbzinshof und ging deshalb in den gerade aufblühenden Kupferbergbau in der Grafschaft Mansfeld. Seine Mutter Margarete geb. Lindemann stammte aus Eisenach. Als Martin ein Jahr alt war, zog die Familie nach Mansfeld, wo dem Vater der Weg ins örtliche Bürgertum gelang; zuletzt war er Teilhaber an mehreren Bergbaugenossenschaften. In Mansfeld ist die Familie geblieben.

Luthers Vater war, in heutigen Begriffen gesprochen, ein Aufsteiger ins Bürgertum. Es ist bemerkenswert, daß das am Ende des 15. Jahrhunderts möglich war, daß der von der Erbfolge ausgeschlossene Sohn sich nicht als Knecht verdingen mußte, sondern einen anderen Lebensweg einschlagen konnte. Die Ursache dafür liegt im Bergbau, in dem man die ersten Anfänge einer Industrialisierung bemerken kann.

Martin Luther war also Kind eines aus dem Bauernstand gekommenen Bürgers; kein Bürgerkind aus den Handels- und Handwerksstädten. Das daraus sich ergebende Lebensmuster ist auch noch heute vertraut: Die den Aufsteigern folgende Generation soll sich im Bürgertum etablieren. Das geschieht vorzüglich durch Aneignung der Bildung, die dieser Schicht zu Gebote steht.

Martin Luther hat darum die Schule besucht, zuerst, von 1490 bis 1497, die Mansfelder Stadtschule. Dann war er von 1497 bis 1498 ein Jahr lang in Magdeburg, von 1498 bis 1501 besuchte er die Schule in Eisenach. Von seinem vierzehnten Lebensjahr an also lebte er nicht mehr in seiner Familie. In Magdeburg wohnte er in einer Art Schülerwohnheim, das von den Brüdern vom gemeinsamen Leben getragen wurde, Anhängern einer in den Niederlanden entstandenen »modernen«, empfindsam geprägten

Frömmigkeitsrichtung. In Eisenach wurde er von Verwandten seiner Mutter aufgenommen; auch sie fromme Leute, die Kontakt zu den örtlichen Franziskanern hielten. Schon daran kann man sehen, wie selbstverständlich das Leben in jener Zeit von kirchlicher Frömmigkeit durchzogen war. Luther ist in diese Frömmigkeit ganz natürlich hineingewachsen. Im Jahre 1501 hatte Luther das Lateinschulniveau erreicht – die Voraussetzung zum Studieren. Und das Studium sollte, nach dem Willen des Vaters, die Basis für Luthers bürgerliche Existenz werden.

Siebzehn Jahre alt war er, als er im Frühjahr 1501 das Studium an der Universität Erfurt aufnahm. Der Aufbau des Studiums und die Einrichtung der Universität sahen damals so aus: Die Basis bildete ein Grundstudium, das für alle Studenten verpflichtend war, das Studium der »septem artes liberales«, der sieben freien Künste. Frei hießen sie, weil damit kein bestimmter Beruf angestrebt war. Es handelte sich dabei einmal um Dialektik (Logik), Grammatik, Rhetorik – also die Basis unserer verständigungsorientierten Kommunikation, die »trivium« genannt wurde (davon unser »trivial«). Sodann traten hinzu: Arithmetik, Geometrie, Musik und Astronomie – also die Erschließung der Zahlen- und Raumwelt sowie deren Anwendung in Musik (Zahl) und Himmelskunde (Raum), »quadrivium« geheißen. So war es jedenfalls im hohen Mittelalter gewesen. Die durch die spanischen Araber vermittelte Wiederentdeckung der Philosophie des Aristoteles in West- und Mitteleuropa hatte seit der Mitte des 12. Jahrhunderts eine große Veränderung im wissenschaftlichen Zeitbewußtsein mit sich gebracht und auch das Studium der »artes liberales« verändert. Das Schwergewicht lag nun auf der Logik (Dialektik) als dem kategorialen Grundmuster dieser übergreifenden Zusammenhänge sowie auf der Natur- und Moralphilosophie als der Anwendung dieser Kategorien auf die natürliche und spezifisch menschliche Welt.

Erst nach diesem vier- bis fünfjährigen Grundstudium kam das Fachstudium. Hier gab es nur drei Fakultäten: die theologische, die juristische und die medizinische; also die Fakultäten, in denen es um das Verhältnis des Menschen zu Gott, zu seinen Mitmenschen und zu seinem Leib geht.

Luther legte das Magisterexamen, das das Studium der »artes liberales« abschloß, im Frühjahr 1505 ab. Im Sommersemester begann er als Magister Artium die zweijährige obligatorische Lehrtätigkeit an der Artistenfakultät und zugleich sein Fachstudium, nämlich, gemäß dem Willen des Vaters, der Jurisprudenz; dies wurde, so kann man annehmen, als günstige Basis für einen weiteren sozialen Aufstieg verstanden. Eben in seinem ersten Semester des neuen Studienabschnittes trat ein Ereignis ein, das Luthers Leben von Grund auf veränderte: das Gewitter von Stotternheim.

Die Entscheidung zu ernster Frömmigkeit

Luther war in Mansfeld zu Besuch gewesen und befand sich am 2. Juli auf dem Rückweg nach Erfurt, als ihn ein Gewitter überraschte und ein in seiner Nähe einschlagender Blitz ihn zu Tode erschreckte. In dieser Situation rief er die heilige Anna an und tat ein Gelübde, er wolle Mönch werden. Diesem Gelübde folgte er schon kurze Zeit später, am 17. Juli 1505.

Der für gegenwärtiges Empfinden befremdliche Vorgang verliert den Charakter des Absonderlichen, wenn man sieht, wie in ihm eine allgemein-religiöse und eine individuell-biographische Seite zusammenspielen. Aufgrund dieser Koinzidenz kam es zu Luthers Entschluß, Mönch zu werden.

Zuerst zur religiösen Lage. Bereits der kurze Blick auf Luthers Bildungsgeschichte hat gezeigt: Das Leben war durchgängig von

Religion bestimmt. Die Religion regelte weite Teile der Ökonomie der Zeit und nicht geringe Teile der Ökonomie des Geldes. Meßbesuche, Rosenkranzgebete, Wallfahrten unterbrachen den Rhythmus des Arbeitslebens. Stiftungen und Almosen waren auch von wirtschaftlicher Bedeutung. Dieser reiche religiöse Kosmos, zu dem auch eine umfängliche Heiligenverehrung gehörte, lag wie ein Mantel um das Leben. Was damit aber eigentlich gemeint war, war dies, daß das ganze Leben vor Gottes Augen geführt wird. Alles liegt offen vor ihm zutage. Dieses – wie man leicht nachspüren wird – kritische Verhältnis zu regeln war die Aufgabe der Kirche. Sie bildete die Vermittlungsinstanz zwischen Welt und Gott.

Die spezifische Funktion dieser vermittelnden Instanz ist eine doppelte. Die Kirche eröffnet einerseits den Weg zu Gott. Und sie steht andererseits an der Stelle des beurteilenden, richtenden Gottes. Sie teilt Heil aus – und sie erzieht durch Strafen. Sie hat eine speziell religiöse und eine speziell ethische Seite. Beide Seiten sind zusammengefaßt im System der Sakramente.

In den Sakramenten verknüpfen sich Heilsmitteilung und Erziehung; dadurch wird Frömmigkeit, also ein gottgemäßes Leben, gebildet. Das System der (sieben) Sakramente läßt sich folgendermaßen verstehen. Das Grundmuster der Heilszuwendung ist der Lebenslauf. An markanten Stellen des Lebenslaufes wird für eine erneute Stärkung und Kräftigung des Heils und der dem Heil entsprechenden Lebensführung gesorgt. Die vier Sakramente Taufe, Firmung, Eheschließung und letzte Ölung folgen diesem Muster. Sie empfängt man nur einmal, nämlich am jeweiligen Ort des eigenen Lebens. Dabei bildet die Taufe die Grundlegung des Heils, das sich dann an den Wendepunkten des Lebens (Erwachsenwerden, Eheschließung, Tod) aktualisiert und konkretisiert. Nun ist es freilich so, daß das in der Taufe anfänglich vermittelte und an den entscheidenden Schritten des Lebens erneut zugewandte Heil zwischenzeitlich nicht beständig bewahrt wird. Und darum ist eine von jenen Punkten unabhängige wiederholte Heilszuwendung nötig. Dies geschieht in der Buße, also in demjenigen Sakrament, das die Verfehlungen in der Lebensführung vergibt und damit für das Altarsakrament, die Eucharistie oder das Abendmahl, vorbereitet, welches die göttliche Kraft vermittelt, das Leben in der Gemeinschaft der Kirche nach den Grundsätzen des Heils, nach dem göttlichen Willen, zu führen. Da das empirisch aber nie vollständig geschieht, müssen Buße und Altarsakrament regelmäßig wiederholt werden.[7]

In diesem System sind es vor allem zwei Stellen, an denen die göttliche Herrschaft den Menschen in der Vermittlung der Kirche besonders nahekommt: einmal da, wo sie als einzelne vor Gott stehen, nämlich in der Buße, zum anderen da, wo sich der göttliche Glanz auf die Erde herabsenkt, nämlich im Meßopfer durch den geweihten Priester. Hier gibt es den Kontakt mit dem Überweltlichen, mit Gott im Jenseits. Und nun ist es insbesondere die Buße, die die Aufmerksamkeit auf sich zieht. Denn an ihr wird die Reinheit der sündigen Menschen, die das Heil verloren haben, zum Thema – und die Reinigung von ihren Sünden. Gerade in der Buße verknüpfen sich ganz elementar die Heilsfrage und die Lebensführungsfrage. Die Buße ist das Einfallstor für die religiös-sittliche Erziehung der Menschen durch die Kirche. Wenn dieses Verhältnis nicht stimmt, wenn da noch Unreinheit bleibt, dann, so mußten die Menschen fürchten, geht die ewige Seligkeit verloren.

Auf diesem Hintergrund wird es verständlich, daß der auf einmal nahekommende Tod in der Gestalt des Blitzschlages den jungen Luther mit der Frage konfrontiert: Wie, wenn ich jetzt stürbe? Wäre ich des ewigen Lebens würdig? Oder müßte ich der ewigen Höllenstrafe verfallen? Und die – diesbezüglich ganz rationale Entscheidung – lautet: Weil mir ein solcher Tod jederzeit begegnen kann, will ich, um mein ewiges Heil zu retten, in den Stand eintreten, der durch frommes Leben und permanente Buße besonders auf Gottes Willen eingestellt ist: den Mönchsstand. Insofern also handelt es sich bei Luthers Gelübde nicht um eine besondere Empfindlichkeit, Überspanntheit eines jungen Mannes, sondern um den auf einen Punkt gebrachten religiösen Welthorizont der Zeit.

Die andere Seite ist die biographische. Kein Mensch ist ja zu allen Zeiten seines Lebens für Fragen dieser Art sensibel und offen. Zweifellos hat die neue Studien- und Lebenssituation für Luther auch eine Krise bedeutet: Wie will ich werden? Was will ich sein, als erwachsener Mensch? Sicher auch: Wie verhalte ich mich zu den Erwartungen meines Vaters? Eine Karriere als Jurist hätte ihm, dem erfolgreichen Studenten, sicher offengestanden. Und eine standesgemäße Frau hatte der Vater für seinen Sohn auch schon im Auge.

Erik H. Erikson hat seinerzeit einen prominenten Versuch der psychologisch-biographischen Deutung Luthers unternommen[8], der viele protestantische Kirchengeschichtler eine ganze Weile in Unruhe versetzt hat. Erikson legte den Versuch einer psychoanalytischen Rekonstruktion vor: Luther habe sich von der väterlichen Autorität abgesetzt, indem er sich einer absoluten Autorität unterworfen habe. Das ist eine interessante These, die aber aus drei unterschiedlichen Gründen keine erschöpfende Erklärungskraft beanspruchen kann. Einmal schon deshalb nicht, weil – ein historisch-methodischer Einwand – die Quellen nicht genug für eine solche Interpretation hergeben. Man muß also die Indizienkette durch Analogien schließen. Darauf bezieht sich der psychologisch-theoretische Einwand, der in Frage stellt, ob die im 19. Jahrhundert entwickelten psychoanalytischen Kategorien auch schon im frühen 16. Jahrhundert Anwendung finden können. Der religionstheoretische Einwand lautet, daß selbst dann, wenn die psychologische Beschreibung zutreffen sollte, damit nichts über die Wahrheit und den Sinn der religiösen Deutung gesagt ist. Darin freilich hat Erikson Recht: Es war eine biographische Knotensituation, in der Luther sein Leben zum Mönchsein gewendet fand.

Der Sinn dieses Schrittes ist nach diesen Überlegungen nicht schwer zu verstehen. Es handelte sich um den Versuch, durch einen Bruch in der bisherigen Kontinuität des Lebens eine höhere Konstanz, nämlich die Beständigkeit des Lebens vor Gott, zu gewinnen. Das sollte, so meinte der junge Luther von 1505, durch eine Konversion zu entschiedener Frömmigkeit geschehen – also durch ein Leben im Mönchsstand.

Auf dem Weg zum selbstverantworteten Christsein

Mönchsein heißt, sich ganz und gar auf den Heilsweg der Kirche einzustellen. Die drei traditionellen Gelübde machen das anschaulich. Das Gelübde der Armut wehrt den Versuchungen, die die Welt der Dinge mit sich bringt. Das Gelübde der Keuschheit wird gegen die Verführungen abgelegt, die andere Menschen mit ihrem Leib bedeuten könnten. Das Gelübde des Gehorsams dagegen ist positiv gerichtet; es ist die Einstellung der Klosterpersonen auf die Seelenleitung durch ihre Vorgesetzten als die legitimen Beauftragten der Kirche. Aufgrund jener negativ-abwehrenden und dieser positiv-leitenden Einstellungskonstanten kann das Leben des Mönchs nach den »evangelischen Räten«, den scharfen Regeln der Bergpredigt, geführt werden; die aber versprechen auch am intensivsten das Erreichen göttlicher Anerkennung. Das Leben des Mönchs ist das Muster einer geführten und geistlich begleiteten Existenz. Ja, man kann sagen, daß sich die Idee des Lebenslaufes überhaupt im Klosterleben jeden Tag wie in einem Mikrokosmos spiegelt. Morgen und Abend stehen in Analogie zu Geburt und Tod; die Stundengebete begleiten auf dem Weg dazwischen. Insofern ist das mönchische Leben in der Tat nichts anderes als die Verdichtung christlichen Lebens überhaupt.

Luther war, wie wir von seinen Mitbrüdern wissen, ein Mönch, der seinen Stand ernst nahm. Nicht übermäßig skrupulös – das sollte und durfte man nicht sein, weil man sich damit außerhalb des Sozialkörpers der Kirche gestellt hätte – und überhaupt nicht lasch. Luthers Werdegang als Mönch war eine Geschichte geistlichen und wissenschaftlichen Erfolges. Nach seinem Stotternheimer Gelübde trat er im Juli 1505 in den Konvent der Erfurter Augustiner-Eremiten ein, der als besonders streng und ernsthaft galt. Sein Mönchsgelübde legte er 1506 ab. Offenbar erkannte man im Orden die Begabung des jungen Luther: Er wurde dazu bestimmt, Priester und Theologe zu werden. Bereits 1507 erhielt er die Priesterweihe, begann sein Studium in Erfurt und wurde 1509 zur Fortsetzung seiner Studien an die junge Universität Wittenberg geschickt. Dort erreichte er schon im selben Jahr den untersten akademischen Grad, den des Baccalaureus sententiarius, der anhand des klassischen Lehrbuchs des Petrus Lombardus (um 1095-1160) die Kirchenlehre (Dogmatik) zu vertreten hat. Das tat er von 1509 bis 1511 in Erfurt. 1512 wurde er zum Doktor der Theologie promoviert; damit erhielt er den höchsten akademischen Titel. Und im selben Jahr wurde er Nachfolger seines Ordensoberen Johannes von Staupitz in Wittenberg, wo er dessen Professur für biblische Theologie (lectura in biblia) übernahm. Theologieprofessor – das ist Luther dann sein Leben lang geblieben. Vergleicht man diesen Lebenslauf mit den Vorstellungen, die Luthers Vater für seinen Sohn gehegt hat, dann könnte man sagen: Luther hat – nun auf kirchlichem Wege – auf seine Art die Karriere gemacht, die von ihm als Bürgerkind aus dem Aufsteigermilieu erwartet worden war; allerdings hat das der Vater selbst seinerzeit nicht so gesehen.

Luthers äußerer Lebenslauf als Mönch ist planmäßig und erfolgreich verlaufen. Was aber das innere Leben angeht, so stellten sich Schwierigkeiten ein. Und diese besitzen einen prinzipiellen Grund. Wenn es nämlich darum geht, den eigenen Lebenslauf religiös zu begründen und zu deuten, dann stößt man auf ein sachliches Problem. Zwar gibt es – von der Kirche genau ausgearbeitet – die sakramentale Begleitung von Lebensübergängen und die Abfederung von Lebensrisiken durch die Abfolge von Beichte und Vergebung im Sinne einer Verarbeitung des Scheiterns. Aber, wie es die Art des Lebenslaufes ist: Er ist unabsehbar und verläuft ins Ungewisse. Stellt man Gottes Gnade und Hilfe zum Leben auf das Schema des Lebenslaufes ein, dann bleibt dieser Lebenslauf – allen guten Worten und allen Hilfen zum Trotz – von einer beständigen Ungewißheit über das weitere Schicksal im Leben (und erst recht: nach dem Tod) begleitet. Es ist zwar immer von Gott und seiner Gnade die Rede – aber stets vor dem Hintergrund einer letzten Unerkennbarkeit und Richterfunktion Gottes. Gottes Bekanntheit wird relativiert durch eine immer größere Unbekanntheit; seine Gnade kann nur als Verzicht auf die eigentlich gebotene Richterstrenge verstanden werden.

Nun gibt es, damit das gesamte System funktioniert, Abmilderungen für diese Ungewißheit. Einmal nämlich wird darauf geschaut, daß man die Sorge um das eigene Heil nicht übertreibt. Anders gesagt: Die Schuld vor Gott, die leicht vor den Eindruck unabtragbarer Strafen stellen könnte, muß relativiert, nämlich quantifiziert werden. Die zweite Relativierung besagt: Es ist die Kirche als letzte Lebensform, die alle Zweifel abfängt, die noch bleiben könnten. Die Selbsteinordnung in den kirchlichen Gesamtzusammenhang soll dann die grundsätzlich nicht auszuräumende Unsicherheit wenigstens betäuben. Diese beiden Gesichtspunkte haben sich im Verlauf der Geschichte der Buße als Konsequenzen herausgestellt: Die Kirche nimmt immer stärker ihre Vermittlerposition ein und vermag daher auch für eine gewisse Transformation der unendlichen Schuld in berechenbare Strafen zu sorgen. Allerdings funktionieren diese Relativierungen letztlich nicht. Denn sie stehen im Widerspruch zu der vom Christentum hervorgebrachten Suche nach dem ganzen, uneingeschränkten Heil. Diesem Heilsverlangen kann die Tendenz, sich selbst zu radikalisieren, nicht genommen werden.

Die Buße ist zum Leitfaden für Luthers weiterführende Umdeutung des christlichen Lebens geworden. Um zu verstehen, wie und in welchen historischen Umständen er die der Buße eingeschriebene Konsequenz zur Geltung brachte, ist ein kurzer Blick auf die Geschichte der Buße angezeigt.

Der Begriff der Buße im Christentum geht auf das Summarium zurück, in dem Markus, der älteste Evangelist, die Verkündigung Jesu anfänglich zusammengefaßt hat (Markus 1,14 f.): »Die Zeit ist erfüllt, und das Reich Gottes ist herbeigekommen. Tut Buße und glaubt an das Evangelium!« Damit sagt Jesus: Es ist an der Zeit, sich ganz und gar auf eine neue, unüberbietbare Nähe Gottes einzustellen. Und dieses Sicheinstellen verlangt, die alte Lebensform aufzugeben. Dieser Lebenswechsel heißt »Umkehr«, »Buße«. Wer die Buße vollzieht (also im Glauben an den nahen Gott sein Leben umstellt), der gehört zum Himmelreich – und ob einer das tut, das entscheidet sich an seiner Haltung zu Jesus, der dieses so verkündigt. »Buße« ist der Eintrittsvorgang ins Leben mit Gott.

Nach Jesu Tod war es die als Auferstehung gedeutete Erfahrung seiner bleibenden Gegenwart, die die Jünger der fortbestehenden Möglichkeit eines Lebens unmittelbar vor Gott versicherte. Daher wußten sie sich berechtigt, ihrerseits die Botschaft Jesu zu verkünden; freilich mit der entscheidenden Veränderung, daß die Gottesgegenwart nun zusammengebracht war mit der Zugehörigkeit zur Gemeinde Jesu, in der so an Gott geglaubt wurde. »Buße tun« hieß damit: sich in die Gemeinde aufnehmen lassen. Daher stammt die Verbindung von Buße und Taufe als einmaliger, auch empirisch greifbarer Lebenswende vor Gott.

Der grundsätzlich identische Sinn einer Neueinstellung des Lebens auf Gott und seine Gegenwart hat im Laufe der Geschichte mehrfache Veränderungen erfahren; sowohl was die individuelle und soziale Gestalt als auch was die geistliche Auffassungstiefe der Buße angeht. Eine erste Transformation ergab sich bereits im Urchristentum. Im Zusammenhang der Christenverfolgungen kam es zur Verleugnung des einmal gewählten christlichen Lebensweges. Mit nicht geringer Anstrengung hat sich daraufhin in der Alten Kirche die Auffassung durchgesetzt, daß es, nach der Taufe, so etwas wie eine »zweite Buße« geben könne. Damit war grundsätzlich der Weg zu einer Wiederholung der Buße geöffnet; das bedeutete jedoch zugleich auch eine Vertiefung im Verständnis der Buße, denn sie wurde nunmehr als nicht einfach deckungsgleich mit dem empirisch verifizierbaren Lebenslauf aufgefaßt.

Die nächste große Wende im Bußverständnis war die von der öffentlichen zur privaten Buße. Zunächst verhielt es sich so, daß die Buße als Rückkehr in die Heilsgemeinschaft der Kirche in einem gemeindeöffentlichen Rahmen stattfand. Es liegt auf der Hand, daß ein solches Ritual auf wenige Male im Leben beschränkt bleiben mußte; entsprechend wurden auch nur öffentlich gewordene Vergehen davon erfaßt. Und es versteht sich auch, daß der sozial angerichtete Schaden nach Möglichkeit wieder ausgeglichen werden mußte. Schulderlaß war so, ganz selbstverständlich, mit einer Strafersatzleistung verbunden. Erst um die Jahrtausendwende begann sich, aus der iroschottischen Mönchspraxis stammend, die Sitte der privaten Buße zu verbreiten, die ein einzelner Mensch vor dem Priester als dem Repräsentanten der Gemeinde leistet. Dieser sprach im Geheimen des Beichtgesprächs die Absolution vor Gott aus und legte die Wiedergutmachung fest, die im selben Zuge auch unanschaulicher wurde, ja tendenziell ebenfalls im Geheimen stattfand. Es wurde damit dann – auch zeitlich – unterschieden zwischen der Schuld vor Gott und ihrem Erlaß in der Absolution und der Strafe, die ein Mensch infolge der Schuld abzutragen hat. So wurde es möglich, nach vergebener Schuld, aber vor geleisteter Wiedergutmachung, an den Segnungen der Kirche teilzuhaben. Damit war aber eine weitreichende Unterscheidung vorbereitet: die zwischen dem handelnden Menschen als verantwortlichem Subjekt und seinen – moralischen oder unmoralischen – Handlungen; die Anerkennung des Subjekts wurde von der – auf alle Fälle nachträglich zu fordernden – Wiedergutmachung unterschieden.

Die klassische Gestalt, die diese Form der aus innerer Selbstprüfung erwachsenden Buße angenommen hat, besteht aus drei Teilen. Der erste ist die Reue über die getane Tat, ja auch über die unerlaubten inneren Regungen (contritio). Der zweite Akt ist, daß dem zuständigen Priester das Vergehen gebeichtet wird (confessio), worauf dieser die Absolution spricht, also in Jesu Namen die Schuld vergibt. Dann folgt, drittens, die Wiedergutmachung, die der Priester auferlegt (satisfactio). Nun zeigt es sich, daß die beiden korrelativen Momente von Sündenbekenntnis und Absolution fest und auf absolute Weise miteinander verbunden sind: Alles wird gebeichtet, und alles wird vergeben. Dagegen erscheinen sowohl die Selbstprüfung als auch die Wiedergutmachung als variabel und relativ. Wann die Reue tief genug und wann die Wiedergutmachung ausreichend ist – da kann und muß es Zweifel, Unsicherheiten geben. Ja, je tiefer und wahrhaftiger das Sündenbewußtsein ist, um so größer wird die Last der

Wiedergutmachung. Hier versucht die Kiche als Mittlerin des Heils auszugleichen.

Aus dieser Ausgleichsabsicht entsprangen zwei Vorstellungen. Einerseits die Vorstellung vom Fegefeuer: Dort sind die zeitlichen Sündenstrafen abzubüßen, die im Leben nicht mehr gesühnt werden konnten. Andererseits kam die Vorstellung von der Ersetzbarkeit von Wiedergutmachungsaktionen für Sündenschuld durch andere Leistungen auf, also etwa die Vorstellung einer Zusammenfassung verschiedener leichter Bußübungen durch wenige schwerere. Oder die durch das Gebet geschehende Mithilfe des Amtsträgers bei den zu erbringenden Leistungen. Oder die Frage nach einem Erlaß nun auch dieser Schulden.

An dieser Stelle trat seit dem hohen Mittelalter in der kirchlichen Regelung der Buße eine neue Größe in den Vordergrund: der Ablaß. Der Grundgedanke war der, daß die vom Priester im Namen der Kirche auferlegten Strafen nun auch nachgelassen werden können. Das ergibt sich aus zwei Gründen. Einmal kann, ganz formal, derjenige, der Strafen auferlegt, diese auch erlassen. Auf der anderen Seite gibt es auch eine inhaltliche Berechtigung, so zu verfahren; denn die Kirche als die – rechtlich verfaßte – Gemeinschaft der Heiligen verfügt über die überschüssigen Verdienste Christi und der Heiligen. Ablaß heißt nun der Erlaß dieser zeitlichen Sündenstrafen, und zwar in beiderlei Gestalt: der von Gott verordneten Strafen und der von der Kirche verhängten Sanktionen (etwa des Ausschlusses vom Meßbesuch). Damit aber wird die Grenze zu der Vorstellung einer Umwandlung der Sündenstrafe fließend.

Diese Einrichtung des Ablasses hat eine große Dynamik besessen und durchschlagenden Erfolg gehabt; denn nun konnte man die Vorstellung ausbilden, die Konsequenzen der Sünde, ja, am Ende diese selbst, durch eigenes Tun quantifizierend auszugleichen. Die mit dem Ablaß unvermeidlich gegebene Rechenhaftigkeit hat sich denn auch konsequent darin verwirklicht, daß am Ende, zu Luthers Zeit, Ablaß käuflich wurde – unter der Vorstellung, das aufgewandte Geld komme der Kirche zugute. Es konnte nicht ausbleiben, daß dabei der Sinn der Buße verstellt wurde.

Diese Veräußerlichung des Bußwesens in der gängig gewordenen Ablaßpraxis widersprach jedoch diametral dem Sinn ernster Frömmigkeit, um derentwillen Luther den Schritt ins Kloster getan hatte. Es war daher der Ablaß, an dem seine Kritik sich entzündete, und darum forderte er im Oktober 1517 auch zu einer wissenschaftlichen Disputation über die Kraft der Ablässe heraus.

Im traditionellen Bild sind es denn auch die berühmten – in ihrer Historizität bisweilen bestrittenen – Hammerschläge des noch unbekannten Mönchs gewesen, mit denen er seine 95 Ablaßthesen an die Tür der Schloßkirche zu Wittenberg anschlug, die als Beginn der Reformation galten. Das ist richtig und falsch zugleich. Falsch ist die Vorstellung, mit Luthers Thesen habe der geplante Bau einer neuen Kirche begonnen. Richtig ist aber, daß sich die Kritik an diesem Detail des Bußwesens, an diesem Stück unverantwortlicher Theologie, in der Tat als Sprengsatz erwies, der die Reformation auslöste. Das war aber nur deshalb der Fall, weil sich hinter Luthers Kritik am Ablaß bereits ein vertieftes Bußverständnis vorbereitet hatte. Davon zeugen bereits die ersten beiden der berühmten 95 Ablaßthesen von 1517:

»1. Da unser Herr und Meister Jesus Christus spricht: ›Tut Buße‹ usw. (Matthäus 4,17), hat er gewollt, daß das ganze Leben der Gläubigen Buße sei. 2. Dies Wort kann nicht im Sinne der sakramentalen Buße verstanden werden (d.h. im Sinne der Beichte und Genugtuung, die durch das Amt der Priester vollzogen wird).«[9]

Das ganze Leben eine Buße – damit deutet sich eine Veränderung im Verständnis des Christseins an, die über das bekannte Bußsakrament hinausgeht. Es ist freilich auch zu sehen, daß diese Veränderung ganz auf der Linie liegt, die vom ursprünglichen Begriff der Buße gemeint war: Einstellung auf Gott mitten im Leben.

Diese Veränderung läßt sich vielleicht am deutlichsten in einem kurzen, predigtähnlichen Traktat beobachten, den Luther 1519 verfaßt hat, dem *Sermon von dem Sakrament der Buße*.[10] In ihm hat er die Aufmerksamkeit von den Fragen völliger Reue und ausreichender Strafe weggewendet und statt dessen die Konzentration ganz auf das Geschehen von Sündenbekenntnis und Sündenvergebung gerichtet, das im Glauben seine vollständige und keiner Ergänzung bedürftige Gestalt findet. Damit ändert sich auch die Rolle des Priesters. Seine Aufgabe besteht allein darin, Verkünder des göttlichen Vergebungswortes zu sein, also das vom Menschen bedrohte, korrumpierte Verhältnis zu Gott als von Gottes Seite ungebrochen geltend, als aufgrund von Gottes Gnade fortbestehend, auszusprechen.

Damit wird das nach dem Muster des Lebenslaufes und seiner Kontinuität gedachte Schema der Buße – Reue, Bekenntnis und Absolution, Wiedergutmachung – verändert. Nun geht es immer und in jedem Augenblick um das Gegenüber von Gott und Mensch. Daß es zu diesem Verhältnis eines reinen, von menschlichen Vermittlungsbedingungen freien Gegenübers, zur Anerkennung zwischen Gott und Mensch kommt, die sich durch Vergebung und Glaube aufbaut – das ist der eine Sinn der Buße. Damit wird Gottes Gnade aus einem – förderlichen, segensreichen – Bestandteil des eigenen Lebenslaufes zum Anfang eines sich neu verstehenden Lebens. Es ist, als würde auf einmal eine Vertikale in die Horizontale des Lebenslaufes eingezogen. Eine Vertikale, die Gott und das individuelle Gewissen verbindet. Zwar auf keinen Fall ohne den Ab- und Ausdruck in menschlichem Wort und Gegenüber; wohl aber so, daß dieses menschliche Gegenüber streng im Dienst seiner Beziehung auf das eigentliche Geschehen zwischen Gott und Mensch ausgerichtet ist.

Luther suchte nach dem Heil, als er Mönch wurde. Diese Suche hatte die Form einer religiösen Lebensbegleitung und Lebensvertiefung. Aber auch und gerade im Mönchsleben war und blieb das Schema des Lebenslaufes beherrschend. Die Theologie und die fromme Praxis waren nach diesem Muster organisiert. In diese Selbstdeutung wurde das Gottesverständnis als alles bestimmendes Moment aufgenommen. Aber auch – oder: gerade – dieses trieb die Ungewißheit nicht aus.

Eben das ändert sich nun. Das Gottesverständnis ist nicht Begleitung und Überhöhung, sondern Ausgangspunkt der eigenen Lebensdeutung. Das eigene Leben wird daher aus dem quasi natürlichen Zusammenhang seines Verlaufes herausgeholt, wird auf den jeweiligen Lebensmoment eingestellt, der in sich die Fülle des Lebens trägt. Das ist der Weg aus der nie ganz aufzuhebenden, Gott immer etwas schuldig bleibenden Unfreiheit in eine von Gott selbst gehaltene Freiheit.

Es entsteht damit das Bild von zwei verschiedenen Lebensformen. Auf der einen Seite findet sich eine Lebensform, die natürlich scheint und die von der Wiege zur Bahre reicht. Auf der anderen Seite eine Lebensform, die sich quer dazu stellt, in der die Fülle des Lebens in jedem Moment präsent ist. Nicht das Leben ist der Schlüssel zur Lehre; sondern die Lehre ist der Schlüssel zum Leben. In dieser Lebensphase, in der ihm das klar wird, ändert Martin Luder seinen Namen, indem er ihn, in Anklang an das griechische »eleutherios« (der Freie), in »Luther« umformt.[11] Der Unterscheidung von Lebensformen ist er dann auch individuell gefolgt, als er über das Kloster hinausging. Was sich darin zum Ausdruck bringt, ist nichts anderes als die reformatorische Einsicht.

46

4. Sünde und Gerechtigkeit

Die reformatorische Erkenntnis

Seine Kritik am Ablaß als einer unsachgemäßen Bußpraxis auf dem Hintergrund einer unschlüssigen Bußtheologie artikulierte Luther 1517 ausgehend von einem vertieften Verständnis der Buße, die er als Ort der Gottesbegegnung auffaßte. Ihre Pointe besitzt Luthers Anschauung darin, daß die Gottesbegegnung, so gewiß sie ein innerliches Geschehen darstellt, doch über das Wort als Wort Gottes verläuft. Die Erklärung dessen, was mit den Stichworten »Wort Gottes« und »Gottesbegegnung« gemeint ist, führt auf diejenige Erkenntnis, die Luthers zentrale Einsicht ausmacht, die also den gedanklichen Kern der Reformation bildet.

Zu diesem Verständnis ist eine Abgrenzung hilfreich: Mit »Wort Gottes« ist nicht gemeint, daß es Mitteilungen über Gott gibt, die auf ihn selbst zurückgeführt werden müßten und die etwas von seinem Sein und Wesen enthüllten, das anderenfalls verborgen wäre. So aufgefaßt, wäre Gottes Wort möglicher Gegenstand theoretischer Reflexion; dieser Umgang aber würde das Wort Gottes in eine Reihe stellen mit Sachverhalten jeglicher Art, denen wir uns nachdenkend und erforschend nähern; allein der Anspruch auf völlige Authentizität und Übernatürlichkeit des Mitgeteilten würde den Unterschied zu welthaftem Wissen markieren. Luthers Verständnis von »Wort Gottes« geht nicht von dem Aussagegehalt, sondern von der Anredeform aus: Gott spricht in seinem Wort zum Menschen.

Versucht man diesen mythologisch klingenden Satz religiöser Sprache in eine andere Ausdrucksweise zu transformieren, dann kann man sagen: »Wort Gottes« ist die in einem Kommunikationsvorgang sich ereignende Aufforderung zu einer letztverbindlichen Umstellung der eigenen Selbstdeutung. Tatsächlich verhält es sich ja so, daß wir uns mit unserem Selbstverständnis in kommunikativen Horizonten bewegen, aus denen wir die Materialien und Formen dieser Selbstdeutung beziehen, so daß eine Veränderung der Lebensumstände oder Erfahrungsfelder stets auch Auswirkungen auf unser Selbstverständnis besitzt. Auch dies entspricht lebensweltlicher Erfahrung, daß es Anstöße zu einer Neu- oder Umdeutung seiner selbst gibt; sie sind ebenfalls kommunikativ vermittelt. Bei dem hier in Betracht kommenden Selbstverständnis geht es um die Schicht solcher auf sich selbst bezogener Deutung, auf der alle anderen Deutungen aufruhen. Man kann das religiöse Selbstdeutung nennen. Eine religiöse Selbstdeutung aber ist allein dann tragfähig, wenn sie im Gegenüber zu einem letzthin Geltenden, also »Gott«, vollzogen wird. Worum es nun bei dem Stichwort »Wort Gottes« geht, ist eine – in kommunikativen Vorgängen sich abspielende – Kontrolle und gegebenenfalls eine Neubestimmung dieser religiösen Grunddeutung. Es zeichnet Luthers Verständnis des Wortes Gottes, das diese Funktion erfüllt, aus, daß die von ihm veranlaßte Deutung zugleich als Muster religiöser Selbstdeutung überhaupt verstanden werden kann. Das zeigt sich rasch, wenn man den mit »Wort Gottes« als Anrede gemeinten Vorgang etwas näher analysiert. Auch dazu kann man weiterhin beim Modell menschlicher Kommunikation bleiben.

Das erste Merkmal einer Anrede ist ihre Unmittelbarkeit. Eine Anrede durchbricht – im Medium des Wortes – die Abgeschlossenheit von Personen gegeneinander. Eine Anrede, die als Wort Gottes soll gelten können, geschieht auf alle Fälle in der Form menschlicher Wortsprachlichkeit; etwa nach dem Muster »Gott will, daß ...« oder »Gott sagt, daß ...« oder »Gott verspricht, daß ...«. Damit diese Sätze menschlicher Rede aber zum Wort Gottes werden, muß zweierlei geschehen. Erstens muß das logische Subjekt eines solchen Satzes (»Gott«) an sich selbst verstanden werden; es muß also von dem Umstand abgesehen werden, daß es ein Mensch ist, der den Satz »Gott will, daß ...« sagt. Zweitens muß der so für sich gesehene Inhalt des Satzes vom Hörenden auf sich selbst bezogen werden; das geschieht genau und nur dann, wenn er sich selbst – und sei es nur versuchsweise – als Gegenüber zu »Gott« versteht. Daß es zu diesem Durch-Hören des Satzes »Gott will, daß ...« kommt, ist kontingent, also nicht zwangsläufig, aber möglich. Es ist dann möglich, wenn und insofern sich der Hörende als Mensch sieht oder sehen lernt, der sich auf die letzte Bestimmtheit seines Selbstverständnisses hin befragen läßt. In menschlichen Sprachvorgängen des beschriebenen Typs gibt es die kontingente, weder vom Sprecher erzwingbare noch dem Hörer unvermeidlich sich aufdrängende Einstellung auf die letzte, religiöse Bestimmtheit des eigenen Selbstverständnisses. Das ist es, was bereits aus der Struktur der durchs Wort sich vermittelnden Unmittelbarkeit folgt.

Der Charakter struktureller Unmittelbarkeit in der Anrede durch das Wort Gottes verbindet sich nun mit folgendem Inhalt. Wer sich in einem Kommunikationsvorgang der beschriebenen Art vorfindet, wem also das Gegenüber »Gott« als letzthin und umfassend bestimmende Instanz zum Gegenüber des eigenen Lebens wird, der wird sich als ein Wesen festgestellt entdecken, das sein Leben keineswegs schon als Gegenüber zu Gott lebte. Und zwar aus zwei Gründen, die miteinander zusammenhängen. Der erste Grund ist der, daß es der scheinbar natürlichen Selbstvertrautheit widerspricht, stets und in allem mit Gott als bestimmender Wirklichkeit zu rechnen. Das gilt sogar für das Menschenleben, das sich selbst als fromm versteht; auch hier, und hier vielleicht in besonderem Maße, wird Gott als Helfer aus der unabwendbaren Not oder als Erfüller unerfüllbarer Wünsche empfunden. Stets also ist es die eigene Selbstbezüglichkeit, die dem Menschen näher steht als Gott, stets kommt Gott gewissermaßen erst an zweiter Stelle zur Sprache. Mit diesem ersten ist ein zweiter Grund verbunden: daß die Vorstellung von Gott immer über eine Vergegenständlichung Gottes läuft, sei es als Bild, sei es als Begriff.

Wo es aber zur aktualen Unmittelbarkeit der Anrede durch das Wort Gottes kommt, da wird sowohl das Ungenügen dieser Vergegenständlichung als auch jene Verkehrung im Verhältnis von Selbstbewußtsein und Gottesbewußtsein aufgedeckt. Die Unmittelbarkeit des Wortes Gottes bringt zum Vorschein, daß Gott schon immer der menschlichen Vermitteltheit unterworfen war. Wenn es um eine letzte, religiöse Bestimmung des menschlichen Selbstverständnisses gehen soll, so trifft diese Frage nach der Bestimmung des Menschen durch Gott selbst stets schon auf eine vom Menschen selbst gegebene Antwort, die erst einmal zu kritisieren ist, bevor eine tatsächlich stichhaltige Neubestimmung von Gott her einsetzen kann. Die Redeform, an der dieser Sachverhalt des Schon-Bestimmtseins des eigenen Selbstverständnisses zum Vorschein kommt, ist vorzüglich die des »Gott will, daß …«; denn dabei ist es insbesondere um das fordernd-konfrontative Gegenüber zwischen Gott als letzter Instanz und dem Menschen als einem selbstbestimmungsbedürftigen Wesen zu tun.

In dieser über die Forderung verlaufenden Anredeweise des Wortes Gottes geht es vor allem um den Gehalt des letztinstanzlich aufgefaßten Gottesnamens. Besinnt man sich auf die Tatsache, daß in der Anrede des Wortes Gottes diese letzte Bestimmungsinstanz tatsächlich zum Menschen redet, also ihm im Wort selbst entgegenkommt und den Kontakt mit ihm sucht, dann vervollständigt sich das Bild. Es muß nämlich bereits die Tatsache, *daß* sich der Mensch von Gott angeredet findet – und zwar gerade im Angesicht einer vorausliegenden eigenen unmittelbaren Selbstbestimmung – als ein Akt gewertet werden, der zum Sicheinlassen auf Gott als erste und letzte Voraussetzung des eigenen Lebens einlädt. Genau dann, wenn die Unvermeidlichkeit eigener Unmittelbarkeit im Verhältnis zu sich selbst vom Menschen eingesehen und eingestanden wird, kommt das Gottesbewußtsein oder das Sichverstehen aus Gott als Basis menschlichen Lebens zustande. Dabei gilt freilich ebenso umgekehrt, daß dieses Gottesbewußtsein sich auch nur dann einstellt, wenn jene negative Selbstbeurteilung darin eingeschlossen ist. Mit Bezug auf das Wort Gottes ist menschliches Leben als schlechthin in Gott gegründetes Leben zu verstehen; hier und nur hier liegt eine Selbstdeutung vor, die, ungeachtet aller eigenaktiver Anteile des Sichverstehens, ein Sichverstehen aus Gott bedeutet. Das ist religiöse Neudeutung als Umdeutung des eigenen Lebens.

Reflektieren wir nun auf diesen Vorgang der Anrede durch das Wort Gottes als Neubestimmung menschlichen Selbstverständnisses, dann lassen sich vier Gesichtspunkte festhalten. Erstens gilt, daß es offenbar kein eindeutiges, widerspruchsfreies Urteil über den Menschen als ein Wesen gibt, das sich selbst verstehen muß. Vielmehr fällt die (Selbst-)Beurteilung des Menschen im Licht des Gegenübers Gottes zwiefach und gegensätzlich aus. Einerseits ist er ein Wesen, das sich selbst unmittelbar bestimmt, freilich in dieser Unmittelbarkeit zu sich gerade nicht letzte Verbindlichkeit und Gewißheit seiner selbst besitzt. Andererseits ist er ein solches Wesen, dem es als Gegenüber Gottes zu leben gegeben ist; als solches kann er sich jedenfalls erfahren, wenn ihn das Wort Gottes berührt und trifft.

Diese gegensätzliche Bestimmtheit ist, zweitens, nicht von der Art einer puren Antinomie. Wenn denn mit der Anrede des Wortes Gottes gerechnet werden kann, dann muß der Gegensatz als ein aktives Widereinander verstanden werden, gewissermaßen als Kampf um das richtige humane Selbstverständnis.

Fragt man, drittens, nach der Art und Weise, wie dieser gerichtete Gegensatz im menschlichen Selbstverständnis präsent ist, so läßt sich dafür keine in sich ruhende, mit sich identische Bewußtseinseinheit namhaft machen. Es muß aber eine subjektive Einstellung auf den beschriebenen Sachverhalt geben. Diese ist von der Art, daß sie sich gewissermaßen im Übergang bewegt von der eigenen unmittelbaren Selbstbestimmtheit zur Bestimmtheit durch Gott. Das ist, in Luthers Verständnis, der Glaube.

Viertens schließlich läßt sich erkennen, daß das hier als Gegenüber von Wort Gottes (als Anrede) und Glaube (als Selbstdeutung im Übergang) beschriebene Modell des menschlichen Selbstverständnisses den Sinn von Religion überhaupt erfüllt, sofern unter dem kritischen Aspekt des Wortes Gottes die reine Konfrontation von Gott und Mensch, unter dem konstruktiven Gesichtspunkt des Wortes Gottes die reine Koexistenz von Gott und Mensch verstanden wird.

Was hier in Form einer begrifflichen Entfaltung des Wortes Gottes gesagt ist, drückt Luther in seiner Schrift *Von der Freiheit eines Christenmenschen* (1520) selbst so aus:

»Die Seele [also der mit der Aufgabe der Selbstbestimmung versehene Mensch] hat kein anderes Ding, weder im Himmel noch auf der Erde, worin sie lebt, fromm, frei und Christ ist, als das heilige Evangelium, das Wort Gottes, von Christus gepredigt. [...] So müssen wir nun gewiß sein, daß die Seele alle Dinge entbehren kann, ausgenommen das Wort Gottes, und ohne das Wort Gottes ist ihr mit keinem Ding geholfen. [...] Fragst du aber: Was ist denn das Wort, das so große Gnade gibt, und wie soll ich es gebrauchen?, dann lautet die Antwort: Es ist nichts anderes als die von Christus geschehene Predigt, wie sie das Evangelium enthält. Die soll dazu sein und ist dazu getan, daß du deinen Gott zu dir reden hörst, wie all dein Leben und deine Werke nichts vor Gott sind, sondern du mit allem, was in dir ist, ewig verderben müßtest. Wenn du das recht glaubst, wie du es schuldig bist, dann mußt du an dir selbst verzweifeln [...]. Damit du aber aus dir und von dir, das heißt: aus deinem Verderben, herauskommen möchtest, deshalb setzt er dir seinen lieben Sohn Jesus Christus vor und läßt dir durch sein lebendiges tröstliches Wort sagen: Du sollst dich in ihn mit festem Glauben ergeben und frisch auf ihn vertrauen.«[12]

Nach dieser Strukturanalyse des Ausdrucks »Wort Gottes« erhebt sich die Frage, wo und wie man denn zu einer derartigen Vorstellung gelangt. Die Antwort lautet: Das Wort Gottes ist in der Bibel zu finden. Und es erschließt sich in der Weise der Erfahrung.

Die Autorität der Bibel ist zunächst natürlich ein traditionelles Moment im Christentum. Es zeigt sich jedoch sogleich, daß mit der herkömmlichen Geltung der Sinn der Bibel keineswegs unumstritten feststeht. Sieht man, wie Luther es getan hat, die Bibel nicht als Lehrbuch geheimer göttlicher Weisheiten an, sondern betrachtet man sie auf das Gegenüber von Gott und Mensch hin, dann zeigt sich bereits im Wortlaut der biblischen Schriften, daß das Verhältnis Gottes zum Menschen vor allem in zwei Redeformen zum Ausdruck gebracht wird: in der Weise der konfrontativen Forderung und in der Weise der Gemeinschaft gewährenden Verheißung. »Gott will, daß ...« und »Gott verspricht, daß ...« sind die elementaren, in Sprache gefaßten Begegnungsweisen mit dem Göttlichen – an denen sich dann die menschlichen Reaktionen orientieren oder nicht orientieren; auch davon berichtet ja die Bibel. Luthers These von der über die Bibel sich herstellenden Gottesbegegnung kann sich also auf Sprachformen der Bibel selbst berufen – und Luther hat das stets als eine Stärke seiner Auffassung angesehen. Die Bibel ist in ihrem Wortlaut Ausdruck geistlicher Kommunikation. Das heißt: Sie wurzelt selbst in Mündlichkeit, in vollzogenem Reden und Hören. Ihr schriftlicher Charakter, der sie mit theoretischem Wissen verwechselbar macht, ist, etwa in der Predigt, immer wieder in Mündlichkeit zurückzuübersetzen. Damit hat Luther übrigens eine Einsicht moderner historischer Forschung vorweggenommen.

Allerdings muß man gegenwärtig, was die autoritative Bedeutung der Bibel angeht, zwei Hinsichten ihres Geltungsanspruches unterscheiden, die für Luther noch ineinandergewoben waren: traditionelle und prinzipielle Verbindlichkeit. Zweifellos war die Bibel zu Luthers Zeit der eine und schlechthin maßgebliche Horizont für den Aufbau von humanem Selbstverständnis, neben dem nichts anderes Platz hatte. Gleichwohl gewinnt die Bibel ihr Gewicht als Wort Gottes erst dann, wenn »du deinen Gott zu dir reden hörst«, wenn also die Worte der Bibel auf die Evidenz des Verstehens treffen. Faktisch hat Luther von dieser Unterscheidung in der Bibel selbst auch Gebrauch gemacht, etwa indem er den Hebräerbrief und den Jakobusbrief im Neuen Testament an den Rand der kanonischen Geltung stellte. Oftmals aber kann er das Schriftwort ganz unmittelbar und auf eine Weise einsetzen, die diese Differenzierung nicht erkennen läßt. Auch dafür ließen sich möglicherweise im einzelnen Gründe benennen; faktisch aber wird man mit einem Verflochtensein von traditioneller und prinzipieller Geltung zu rechnen haben. Diese weltanschauliche Grenze, innerhalb deren Luther denkt, besagt aber nichts gegen die grundsätzlich mögliche und von ihm selbst geübte Unterscheidung der Geltungsdimensionen.

Die Rolle prinzipieller Geltung bekommt die Bibel dadurch, daß Luther an sie mit einer ausgeprägten Frage nach dem Heil, also nach der Anerkennung menschlichen Lebens vor und durch Gott, herantritt. Erst diese Frage lehrt die Konzentration auf das möglichst reine Verhältnis von Gott und Mensch in der Bibel. Das Heilsinteresse aber ist, umgekehrt gelesen, auch das Interesse an schlüssiger, den Lauf des Lebens begleitender Selbstdeutung. Selbstdeutungen, so hatten wir gesehen, erwachsen aus kommunikativen Lebensvollzügen. Sie sind insofern erfahrungsbezogen, ja erfahrungsabhängig. Die religiöse Selbstdeutung als diejenige, die letzthin gelten soll, muß daher als Einstellung zu allen Erfahrungen verstanden werden, die ich mache. Sie stellt so etwas wie eine zweite Dimension im Erfahrungsleben dar. Nun lautet die Frage, wie sich denn diese religiöse Selbstdeutung aufbaut. Daß auch sie aus Erfahrung erwächst, ist evident. Ist sie darum lediglich eine Überhöhung oder Verdopplung der allgemeinen Lebenserfahrung? Dann wäre ihr Erwerb mit den üblichen Bildungsprozessen erfahrungsbezogener Selbstdeutung kongruent. Religiöse Erfahrung käme insofern gar nicht als eigene, für sich empfindbare Erfahrung zu Bewußtsein. Allerdings bleibt solange auch eine durchgreifende Individualitätserfahrung aus, die sich gerade durch einen Bruch mit der traditionsgeleiteten religiösen Bildungskultur bemerkbar macht. In der Frage nach dem religiösen Heil steckt etwas von der Radikalität der auf solche Individualisierung zielenden eigenverantworteten Selbstdeutung, die das Bewußtsein eigener Freiheit vermittelt. So ist es Luther ergangen, als er im Laufe seines von der Heilsfrage geleiteten Bibelstudiums sich zur Umstellung seiner Selbstdeutung genötigt sah. Insofern kann man zu Recht sagen, daß Luthers reformatorische Erkenntnis vom durchgreifend kritischen und grundlegend konstruktiven Charakter des Wortes Gottes eine Erfahrung mit der Erfahrung (Ebeling) darstellt. Allerdings wird man die Ansprüche auf die Isolierbarkeit einer solcher Umstellung der Selbstdeutung einschränken müssen; und zwar deshalb, weil es sich auch bei dieser Erfahrung mit der Erfahrung um eine Herausbildung kategorialer Einsicht handelt, die nicht mit einem Schlag, quasi übernatürlich, gegeben wird. Bei Luther beruhte sie auf intensiver Arbeit an der Bibel.

Der Weg zur reformatorischen Erkenntnis

In der Forschung ist die Frage breit diskutiert worden, wo der Zeitpunkt liegt, an dem bei Luther theologische Erkenntnis und eigene Erfahrung so koinzidierten, daß man von einem »Durchbruch der reformatorischen Erkenntnis« sprechen kann. Insbesondere ein Text hat dazu Anlaß und Material gegeben: Luthers Vorrede zum ersten Band der Wittenberger Gesamtausgabe seiner lateinischen Schriften aus dem Jahr 1545.[13] Dort meinte man am deutlichsten, gewissermaßen in einem autobiographischen Rückblick, Luthers eigene Stimme zu hören; es hat sich aber gezeigt, daß Luther hier gar nicht eine Erinnerung an seinen Lebenslauf ausbreitet, sondern daß er die Schriften des nachfolgenden Bandes durch einen einleitenden Kommentar miteinander in Zusammenhang bringt. Nicht nur dieser Text, auch andere Texte geben auf die genannte Frage keine Auskunft. Daher bleibt das Fazit der »Durchbruchs«-Debatte, was die Fixierung eines Zeitpunktes angeht, eher enttäuschend.

Aber auch sachlich ist die Frage schwer zu beantworten, wo der schlüssige Erfahrungsreflex der neuen Erkenntnis zu finden sei. Denn man muß immer schon vorab bestimmen, was denn »das Reformatorische« sei, das man als maßgeblich anerkennen möchte. Statt dessen spricht viel dafür, daß Luthers eigentümliche, seine Selbstdeutung neu bestimmende Erkenntnis, die sich später reformatorisch auswirken sollte, in einem längeren, terminologisch uneinheitlichen und wohl auch kaum geradlinigen Prozeß sich bildete und daß sich dann mit der öffentlichen Debatte seit dem Ablaßstreit deren Konsequenzen immer rascher und immer klarer abzeichneten.

Festhalten kann man allerdings ganz genau das Medium, in dem dieser Erkenntnisgewinn erzielt wurde: die Auslegung der Bibel, also Luthers Wittenberger Profession. Luthers reformatorische Erkennntnis war daher nicht Frucht einer anfälligen, vielleicht gar kranken Psyche, wie das in den schärfsten Formen katholischer Luther-Bekämpfung noch bis in dieses Jahrhundert behauptet wurde; die psychische Disposition tut vielmehr überhaupt nichts zur Sache – auch und gerade dann, wenn man ihr Mitlaufen stets annehmen muß. Die Sache der Reformation entscheidet sich an der Interpretation der Bibel. Hierbei seien zwei Gesichtspunkte herausgehoben, die das Verständnis für Luthers Anschauung befördern können; ein methodischer, der die Art und Weise der Bibelauslegung, nämlich die »tropologische« Auslegung, betrifft; ein inhaltlicher, der die Deutung des biblischen Ausdrucks »Gottes Gerechtigkeit« berührt.

In der Auslegung der Bibel hat sich das aus der Verkündigung Jesu stammende Schema von Alt und Neu oder von Sünde und Heil, dessen sich Jesus bediente, um die unmittelbare Gegenwart Gottes der Verfallenheit menschlichen Lebens entgegenzusetzen, mit dem anthropologischen Dualismus der griechischen Antike verbunden, der den Menschen in Leib und Seele unterschied. Damit wurden das Neue und die Seele, das Alte und der Leib übereinandergeblendet. Auf die Textauslegung angewandt, hieß das: Der Text, der auszulegen ist, stellt in seiner materialen Schriftform sozusagen das leibliche Element dar. In diesem leiblichen Moment steckt das geistige; und es ist die Aufgabe der Auslegung, den geistigen Gehalt zu entbinden. Nachdem der Übergang des Christentums in die Welt der griechisch-römischen Kultur erfolgt war, haben die altkirchlichen Ausleger dieses Schema auch auf das Verhältnis von Gott und Mensch angewandt: Im menschlichen Wort der Bibel steckt der göttliche Sinn; und er enthält den geistlichen Gewinn in sich.

Diese Auslegungsmethode heißt die allegorische. Der Theologe und Philologe Origenes (ca. 185-254) hat diese Auslegungsform verfeinert, indem er den geistlichen Sinn – den allegorischen im weiteren Verständnis – noch einmal auf dreifache Weise differenzierte. Danach ist der Sinn zunächst ein theoretischer; in dem buchstäblichen oder Literalsinn steckt ein anderer, verborgener Sinn, ein »geistiger« Gegenstand. Sodann ist der Sinn ein praktischer; jetzt wird der buchstäblich-historische Literalsinn nicht auf Sachverhalte der geistigen Welt bezogen, sondern auf den Menschen als ein Wesen, das sich in der Welt handelnd verhalten muß. Schließlich – und das macht insbesondere eine Pointe der christlichen Exegese aus – wird ein geistlicher Sinn in der Weise angenommen, daß in ihm eine Aussage über die letzte Zukunft steckt; geistlich heißt also hier eschatologisch. Die drei Fachtermini für diese geistlichen Dimensionen lauten: allegorisch (i. e. S.), tropologisch und anagogisch.

Augustin (354-430) hat den anthropologischen Dualismus, der hinter der allegorischen Schriftauslegung steht, wieder deutlich mit dem theologischen Gegenüber von Gott und Mensch konfrontiert; und dies insbesondere mit der näheren Bestimmung, daß der Mensch Sünder ist, Gott aber gerecht. Gott und Mensch – dafür gibt es keine allgemeine Einheit in dem Sinne, wie Leib und Seele ihre Einheit im Menschen finden.

Luther, der Augustinermönch und Professor für Bibelauslegung, hat in beiden Traditionslinien gestanden. Er hat eine sowohl auslegungsgeschichtlich wie theologisch weitreichende Umstellung beider Sichtweisen erreicht. Denn er hat das duale Schema augustinischer Herkunft in das viergliedrige Schema origenistischer Provenienz hineingeschoben. Damit hat er eine sehr viel stärkere Pointierung auf die Person dessen vorgenommen, der es mit den biblischen Texten zu tun bekommt. Denn im dualen Schema, das sich auf das Grundverhältnis von Gott und Mensch bezieht, bleibt außer acht, was man an theoretischer Weltanschauung und an Aussagen über das zukünftige Weltende noch meinte aus der Bibel ableiten zu können. Dieser Spur ist Lu-

58

ther bereits in seiner ersten Vorlesung gefolgt, die er zwischen 1513 und 1515 über die Psalmen hielt.

Luther hat das duale Schema im vierfachen Schriftsinn so zur Geltung gebracht, daß er von den drei allegorischen Dimensionen entschlossen die tropologische Auslegung bevorzugt hat. Sie entspricht am besten dem vom augustinischen Dualismus gemeinten Gegenüber von Gott und Mensch. Es entsteht dadurch zunächst eine ethische Konzentration der gesamten biblischen Botschaft: Immer geht es darum, was Gott vom Menschen will. Indem nun aber die beiden anderen Dimensionen, die (i.e.S.) theoretisch-allegorische und die endzeitlich-anagogische herabgestuft werden, ändert sich die Funktion des grundlegend-buchstäblichen Literalsinns. Die Bibel ist nun nicht mehr das Sprungbrett für spekulativ sich aufschwingende Interpretationen, sondern es gilt direkt und wörtlich auf den Menschen zu beziehen, was sie sagt; ihr Sinn ist ein ethischer.

Allerdings ergibt sich nun ein Folgeproblem aus dieser Umstellung in der Bibelauslegung: Was bedeutet es für das Verhältnis von Gott und Mensch, wenn in der Bibel stets der Mensch als Täter angeredet wird? Wie stehen dann Gott und Mensch auf richtige Weise zueinander? Dieser Frage ist Luther in seiner Bemühung um die zutreffende Auslegung der göttlichen Gerechtigkeit nachgegangen.

Die vielleicht berühmteste Stelle, die über den Sinn des Begriffes der Gerechtigkeit Gottes Aufschluß gibt, findet sich in der schon erwähnten Vorrede Luthers zu seinen lateinischen Schriften von 1545. Luther verknüpft den Ursprung dieser Erkenntnis mit seiner zweiten Psalmenvorlesung aus den Jahren 1518/1519:

»Ein ganz ungewöhnlich brennendes Verlangen hatte mich gepackt, Paulus im Römerbrief zu verstehen; aber nicht Kaltherzigkeit hatte mir bis dahin im Wege gestanden, sondern ein einziges Wort, das im ersten Kapitel steht: ›Gottes Gerechtigkeit wird darin offenbart.‹ (Röm. 1, 17) Denn ich haßte diese Vokabel ›Gerechtigkeit Gottes‹, die ich durch die übliche Verwendung bei allen Lehrern gelehrt war philosophisch zu verstehen von der sogenannten formalen oder aktiven Gerechtigkeit, mittels derer Gott gerecht ist und die Sünder und Ungerechten straft.«[14]

Warum die göttliche Gerechtigkeit dermaßen in den Mittelpunkt rückt, ist nach den Ausführungen über Luthers hermeneutische Methode klar. Was ist nun unter der »formalen oder aktiven Gerechtigkeit« zu verstehen, die offenbar für so tiefe Verwirrung bei Luther sorgt? Der von ihm gemeinte Begriff der Gerechtigkeit geht klassisch auf Aristoteles zurück und ist entscheidend an der Ausgewogenheit orientiert; sei es, daß diese sich materiell-rechenhaft, sei es, daß sie sich personal-anerkennungsförmig äußert. Immer geht es darum, daß zwei unterschiedliche rechtsfähige Instanzen zueinander in das Verhältnis gelangen, auf das sie Anspruch besitzen. Gerechtigkeit ist demzufolge ein durch Handlungen oder Werte anzustrebendes Ziel; und das Attribut »gerecht« kann von dem gebraucht werden, der sein Handeln auf kluge Weise so geübt hat, daß er das jeweils richtige Maß trifft. »Aktiv« ist diese Gerechtigkeit also insofern, als sie in Handlungen verläuft; »formal« heißt sie, weil sie Handlungen auf bestimmte Weise zustande bringen läßt, also formt. Dieser Begriff der Gerechtigkeit ist am Muster von menschlichen Personen und ihren Ehr- bzw. Besitzverhältnissen gebildet.

Überträgt man nun diesen Begriff von Gerechtigkeit auf das Verhältnis von Gott und Mensch – wonach die begriffliche Logik zu verlangen scheint –, dann zeigen sich freilich verheerende Folgen. Denn im Verhältnis zu Gott kann es, nimmt man Gottes Gegenüber zum Menschen ernst, einen Ausgleich niemals geben. Auch und gerade, wenn man sich mit allen Möglichkeiten seines Lebens anstrengt, wird die Distanz zu Gott nur immer größer; denn jedes Bestreben, sie zu verringern, geht auf die Absicht zurück, sich selbst für andere anerkennungsfähig zu machen, setzt also einen unmittelbaren Bezug zu sich selbst voraus. Ja, sogar dann, wenn man sich aller Gnadenmittel der Kirche versichert, wird die Unmittelbarkeit des Selbstverhältnisses dadurch nicht abgetan. Gottes Gnade kann in diesem Modell nur als Verzicht auf seine Gerechtigkeit gedacht werden, und daher man muß immer befürchten, daß er doch auf der reinen, strengen Gerechtigkeit insistiert: Des Heils kann man so unmöglich gewiß werden.

»Ich aber, der ich, so untadelig ich auch als Mönch lebte, vor Gott mich als Sünder von unruhigstem Gewissen fühlte und mich nicht darauf verlassen konnte, daß ich durch meine Genugtuung versöhnt sei, liebte nicht, nein, haßte den gerechten und die Sünder strafenden Gott und war im stillen, wenn nicht mit Lästerung, so doch mit ungeheurem Murren empört über Gott: Als ob es wahrhaftig damit nicht genug sei, daß die elenden [...] Sünder mit lauter Unheil zu Boden geworfen sind durch das Gesetz der Zehn Gebote, vielmehr Gott durch das Evangelium zum Schmerz noch Schmerz hinzufüge und auch durch das Evangelium uns mit seiner Gerechtigkeit und mit seinem Zorn bedrohe. So raste ich wilden und wirren Gewissens; dennoch klopfte ich beharrlich an eben dieser Stelle bei Paulus an mit glühend heißem Durst, zu erfahren, was St. Paulus wolle.« [15]

»Bis ich, dank Gottes Erbarmen, unablässig Tag und Nacht darüber nachdenkend, auf den Zusammenhang der Worte aufmerksam wurde, nämlich: ›Gottes Gerechtigkeit wird darin offenbart, wie geschrieben steht: Der Gerechte lebt aus Glauben.‹ Da begann ich, die Gerechtigkeit Gottes zu verstehen als die, durch die als durch Gottes Geschenk der Gerechte lebt, nämlich aus Glauben, und daß dies der Sinn sei: Durch das Evangelium werde Gottes Gerechtigkeit offenbart, nämlich die passive, durch die uns der barmherzige Gott gerecht macht durch den Glauben, wie geschrieben ist: ›Der Gerechte lebt aus Glauben.‹ Da hatte ich das Empfinden, ich sei geradezu von neuem geboren und durch geöffnete Tore in das Paradies selbst eingetreten. Da zeigte mir sofort die ganze Schrift ein anderes Gesicht. Ich durchlief dann die Schrift nach dem Gedächtnis und sammelte entsprechende Vorkommen auch bei anderen Vokabeln; z.B. Werk Gottes, das heißt: was Gott in uns wirkt; Kraft Gottes, durch die er uns kräftig macht, Weisheit Gottes, durch die er uns weise macht, Stärke Gottes, Heil Gottes, Herrlichkeit Gottes. Wie sehr ich vorher die Vokabel ›Gerechtigkeit Gottes‹ gehaßt hatte, so pries ich sie nun mit entsprechend großer Liebe als das mir süßeste Wort.«[16]

Das Prädikat der Gerechtigkeit verändert damit, von Gott ausgesagt, seinen Sinn. Nicht die Vorstellung vom Ausgleich leitet die Begriffsbildung, sondern die Asymmetrie von Geben und Empfangen. Gott gibt: Gerechtigkeit, Kraft, Weisheit usw. Der Mensch empfängt: ohne etwas wiederzugeben, sondern rein passiv, im Glauben als dem Geltenlassen des Gebens. Vier Beobachtungen sind bei dieser Entdeckung der Umkehrung des Begriffs der Gerechtigkeit Gottes bemerkenswert. Erstens handelt es sich um eine Beobachtung am Bibeltext selbst, die, mit großer Mühe, gegen das eingefahrene, scheinbar selbstverständliche, allgemeine Anerkennung verlangende Verständnis von Gerechtigkeit zur Geltung gebracht wird. Diese neue Auffassung der Gerechtigkeit Gottes bewährt sich, zweitens, als kategoriales Muster für das Verständnis der Bibel überhaupt. Damit wird, drittens, ein neuer Blick auf das Wesen Gottes gewonnen. Er ist wesentlich zu verstehen als derjenige, der gibt. Und zwar (viertens) als ein solcher, der – indem er seine Gerechtigkeit, sein Heil usw. gibt – sich selbst dem Menschen gibt. Darum kommt der Eindruck zustande, neu geboren oder ins Paradies versetzt zu sein.

Am Begriff der Gerechtigkeit Gottes läßt sich die reformatorische Einsicht bündeln. Sie ist aus der auf das Heil, also die letztgültige Anerkennung des Menschen, gerichteten Auslegung der Bibel erwachsen. Und zwar so, daß die Konfrontation des Menschen mit Gott, der Instanz letzter ethischer Verantwortung, als der Weg verstanden wird, durch den sich die Einsicht in den wahren Sinn des Evangeliums aufbaut, daß nämlich Gott der sich selbst Gebende ist. Damit wird der andere, gegenüber der Forderung ursprünglichere, Wesenszug Gottes entdeckt; diese Unterscheidung von Konfrontation und Koexistenz von Gott und Mensch durchzieht nun aber die gesamte Auslegung der Bibel und das gesamte christliche Gottesverständnis.

Wer sich mit der Frage der letzten Geltung des eigenen Sichverstehens konfrontieren läßt, gelangt in der Begegnung mit der – historisch kontingenten religiösen Urkunde der – Bibel im eigenen Leben zu einer neuen Deutung seiner selbst. In dieser wird erkennbar, daß schon die kritische Frage nach der Geltung des eigenen Selbstbildes von einem ursprünglichen Anerkanntsein durch Gott herkommt. In dieser religiösen Erfahrung weiß man dann auch um den Unterschied zwischen der eigenaktiven Selbstdeutung, in der der Inhalt des Deutens vom eigenen Tun abhängt, und der nur von Gott selbst zu gewährenden *Geltung* der neuen Selbstdeutung des Menschen.

Konsequenzen der reformatorischen Erkenntnis

Es sind vor allem zwei Konsequenzen, die sich aus der reformatorischen Erkenntnis Luthers für das Verständnis des Christentums ergeben. Einmal wird ausgesagt und festgehalten, daß Gott ganz und gar für den Menschen da ist, indem er ihn ganz und gar – in Gesetz und Evangelium – in Anspruch nimmt. Damit ist das bedrohliche Bild eines »immer größeren«, also in seinem wahren Wollen unbekannten Gottes gebannt. Gott ist in seinem Wort für den Menschen offen, geht in seinem Wort auf den Menschen zu. Das ist die theo-logische Konsequenz.

Die andere ist die anthropologische. Vor Gott ist der Mensch der gerechtfertigte Sünder. Er ist als Sünder festgestellt – durch das Gesetz; und das ist geschehen, weil und damit er – durch Gottes schenkende Gerechtigkeit, in der er sich selbst schenkt –

als Gerechter vor Gott lebe. Und es kommt alles darauf an, daß es für diesen Übergang zwischen Sünde und Gerechtigkeit keine Basis im Menschen mehr gibt, die von der göttlichen Alternative unbetroffen wäre.

Allerdings steckt nun in diesen beiden Konsequenzen auch wieder je ein gewichtiges Problem, das zu weiterem Nachdenken veranlaßt. Nämlich, auf Gott hin gedacht: Will man daran festhalten, daß Gott ganz und gar für den Menschen da ist, dann muß man diese Tatsache einerseits für Gott wesentlich erachten; man kann aber andererseits dieses wesentliche Verhalten Gottes nicht als für ihn selbst notwendig erklären, denn dann würde die Kontingenz des Ganz-und-Gar nicht gewahrt. Die Frage lautet, anders gestellt: Woher kommt Gottes Für-uns-Sein?

Die andere Konsequenz betrifft die Anthropologie Luthers. Zwischen Gesetz und Evangelium soll und darf sich nichts schieben. Dann ist aber die Frage, worin denn die Kontinuität zwischen beiden besteht bzw. aufgrund von was sie ausgesagt werden kann. Inwiefern ist dem Gesetz eine Tendenz zum Evangelium hin eigen, wenn es gerade keine Vermittlungsschritte geben kann?

Die eine Antwort auf beide Fragen kann nur von der Person Jesus Christus aus gegeben werden. Er ist das »Für-uns« Gottes, in dem Gott sein »Für-sich« hinter sich gelassen hat. Und er ist die Person, die in ihrem Tod und ihrer Auferstehung Gesetz und Evangelium miteinander verbindet. Die neue religiöse Selbstdeutung Luthers wurzelt in einem vertieften Verständnis Jesu Christi.

5. Gott und Mensch

Glaubensgerechtigkeit als Christusglaube

Luthers reformatorische Einsicht besteht in einer letzten Neudeutung seines religiösen Selbstverständnisses. Es ist nun auf die reine Differenz von Gott und Mensch und deren Überwindung bezogen. Weil das neue Selbstverständnis von dieser unüberbietbaren Differenz herkommt, ist es für alle lebensweltlichen Differenzen offen; insofern ist es der Sache nach unüberholbar. Weil die nun errungene Selbstdeutung aber exakt im Gegenüber zu Gott stattfindet und auf den Grund der Selbsterfahrung durchgreift, gibt es für den Gottesnamen als Auslegungshorizont kein begriffliches Äquivalent. Das bedeutet für die hier zu gebende Einführung, daß sich deren Sprachgestalt verändert: Von der religiösen Selbstdeutung Luthers, die als reformatorischer Glaube bezeichnet werden kann, muß von jetzt an auch in religiöser Sprache gesprochen werden. Diese besitzt eine vorstellungshafte Logik; das heißt, sie verläuft in einer Art poetischer Bildhaftigkeit, von der gilt, daß man logische Strukturen in ihr rekonstruieren kann, daß diese Rekonstruktion aber nicht die Sache selbst enthält. Es wird daher in unserem Text auch weiterhin Übersetzungen in die nicht-religiöse Ausdrucksweise geben; diese stehen aber unter dem hier angemeldeten Vorbehalt.

Gottes Gerechtigkeit lebt als Glaubensgerechtigkeit beim Menschen. Der Glaube nimmt Gott wahr, wie er ist – und erfüllt darin Gottes Intention, für den Menschen zu sein. Genau aufgrund dieser Korrelation weiß sich die religiöse Selbstdeutung Luthers als schlechthin gültig. Das ist die religiöse Formulierung der reformatorischen Einsicht. Denn, so heißt es in der *Freiheit eines Christenmenschen*:

»Wer dem anderen glaubt, der glaubt ihm darum, weil er ihn für einen frommen [= gerechten], wahrhaftigen Mann achtet, was die größte Ehre ist, die ein Mensch dem anderen tun kann [...]. So auch wenn die Seele Gottes Wort fest glaubt, dann hält sie ihn für wahrhaftig, fromm und gerecht. [...] Wenn dann Gott sieht, daß ihm die Seele die Wahrheit gibt und ihn so durch ihren Glauben ehrt, dann ehrt er sie auch und hält sie für fromm [gerecht] und wahrhaftig, und sie ist durch solchen Glauben fromm und wahrhaftig.« [17]

Wenn Gott in seinem Wort »für« den Menschen ist, dann ist der Glaube, der genau das gelten läßt und sonst nichts tut, das richtige Verhalten zu, die geforderte und ermöglichte Offenheit »für« Gott. Es herrscht – in aller Asymmetrie des Verhältnisses – gegenseitige Anerkennung: Gott erkennt den Menschen als sein Gegenüber an; der Mensch erkennt Gott an als denjenigen, der ihn anerkennt; Gott erfährt Anerkennung durch den Menschen. Das Ineinander dieser Anerkennungsrelationen ist Glaubensgerechtigkeit, im objektiven, auf Gott bezogenen, wie im subjektiven, vom Menschen geltenden Sinne.

Dieses Verständnis der Glaubensgerechtigkeit ist eröffnet durch die Bibel als Gottes Wort. Das Verständnis der Bibel und ihres Ziels beim Menschen verdankt sich aber einem vertieften Verständnis der Person Jesu Christi. Denn in der Person Jesu Christi vollzieht sich ursprünglich und grundlegend der Übergang, in dem Gott seine Gerechtigkeit unter den Menschen aufrichtet. Deshalb kann und muß der Glaube nicht nur als ein Sichverlassen auf das Wort der Bibel verstanden werden, sondern zentral als Einigung mit Christus. Glaubensgerechtigkeit ist mehr als Gabe, sie ist Anteilhabe an Gottes Sein und Wesen. Wirkliche geistliche Erfahrung ist die Glaubensgerechtigkeit, sofern sie sich als Christusglaube begreift.

»Willst du alle Gebote erfüllen, deine böse Begierde loswerden, wie die Gebote zwingen und fordern, sieh auf, glaube an Christus, in dem ich dir alle Gnade, Gerechtigkeit, Friede und Freiheit zusage. Glaubst du, so hast du, glaubst du nicht, so hast du nicht.«[18]

Wer ist Jesus Christus?

Will man Luthers Christologie zusammenfassen, so wird man mit nicht geringen Schwierigkeiten konfrontiert. Sie resultieren aus zwei Umständen. Einmal daraus, daß sich Luther über weite Strecken traditioneller christlicher Redeweisen bedient, so daß nur aus der Art ihres Gebrauchs und ihrer Verknüpfung das Eigentümliche erkennbar wird; zum anderen daraus, daß aufgrund der Nähe von Christusbild und Glaube bei Luther die existentielle Färbung stets eine große Rolle spielt. Es klärt daher Luthers Auffassung der Person Jesu Christi, wenn man seine Konzeption in den Rahmen der in der Überlieferung vorgegebenen Strukturen einordnet.

Schon immer sind in der christlichen Theologie das Verständnis der Person Jesu Christi und das Verständnis des göttlichen Heils miteinander verknüpft gewesen. Diese Verbindung steht bereits hinter der Prädikation Jesu als Christus/Messias, die zur Einheit eines einzigen Namens geworden ist und die sich in der Geschichte der christlichen Theologie als Zwei-Naturen-Lehre zur Geltung gebracht hat: Jesus ist Gott und Mensch.

Insbesondere die Frage, wie man sich diese Einheit der Naturen vorstellen soll, ist von der jeweiligen Auffassung des durch Jesus vermittelten Heils bestimmt gewesen. Ganz grob gesprochen, lassen sich in der altkirchlichen und mittelalterlichen Theologie zwei Modelle unterscheiden. Das altkirchlich-östliche Modell, das für die weitere Lehrbildung den klassischen Ausgangspunkt abgegeben hat, hat sich die Einheit der Naturen, die als Naturen oder Wesenheiten unvereinbar sind, auf der Ebene der Person eintretend gedacht; nur und allein in Christus liegt die Einheit vor, die ansonsten undenkbar ist. Durch ihn aber wird es möglich, daß die menschliche Natur, in der wir als Menschen existieren, Anteil an der göttlichen Natur erhält; und der entscheidende Gewinn derselben ist: Unsterblichkeit. Das Werk Christi, das er uns erworben hat, ist also die Konsequenz der in seiner Person vereinten Naturen; die Naturen bilden den Ausgangspunkt, die Person das Mittel, das Werk ist das Ziel.

Die hochmittelalterlich-westliche Lehre hat eine andere Akzentsetzung vorgenommen. Gegenüber der physisch ausgerichteten altkirchlichen Auffassung ist sie ethisch orientiert. Sie fragt danach, wie es zu einer Wiederanerkennung der sündigen Menschen durch Gott kommen kann; und sie antwortet mit der Idee, daß nur ein Gottmensch zu tun vermag, was die Menschen als Sünder nicht mehr tun können, nämlich Gott für die ihm entzogene Ehre Genüge zu leisten. Das ist der Grund, warum in der Person des Erlösers beide Naturen präsent sein müssen. Die Erlösung selbst ist gedacht als Ent-Schuldung der Schuldbehafteten. Erkennbar läuft also hier das Gedankengefälle vom Werk der Erlösung über die dafür erforderliche Person des Erlösers zu dem Wert, den diese Person in der Form der beiden Naturen besitzen muß.

Luthers Auffassung von Christus vereint auf gewisse Weise diese beiden Sichtweisen, allerdings aufgrund einer entschlossenen Umdeutung. Die altkirchliche Erlösungslehre sah das Heil durch die Umwandlung des sterblichen ins unsterbliche Leben ausgedrückt; die mittelalterliche Lehre durch die Verwandlung des schuldigen Sünders in einen anerkannt Schuldbefreiten. Beide Erlösungsverständnisse setzen bei Defiziten endlich-sittlichen Lebens ein. Und beide sind darauf aus, diese – ungeachtet der unterschiedlichen Vorstellungshorizonte – auf dem Wege der Integration ins Corpus mysticum der Kirche zu kompensieren. Ausgehend vom unmittelbaren Heilsinteresse, das schlechthinnige Gültigkeit besitzen soll, legt Luther das Verständnis des Heils tiefer an: Es hat seinen Ort im Lebensvollzug selbst, nicht erst in dessen Mängeln. Und es ist auf strenge Vereinzelung vor Gott hin angelegt, aller kirchlichen Rahmenzusammenhänge ungeachtet, die gleichwohl bestehen. Das heißt aber: Luther geht in seiner Christologie ganz entschieden von der Person Jesu Christi und ihrer biblischen – wir würden heute sagen: historisch-empirischen – Wahrnehmung aus. Gerade und nur dann, wenn man Jesus Christus vorbehaltlos in dem ihm eigenen Existenzvollzug wahrnimmt, entdeckt man in ihm die Züge, die sein Werk ausmachen und sein Wesen kennzeichnen. Will man die Zuordnung zu den beiden zuvor genannten Modellen schematisch vornehmen, dann kann man sagen: Die Wahrnehmung der Person steht an erster Stelle, aus ihr folgt eine Entsprechung von Werk und Naturen. Luthers Christologie ist nicht auf die dogmatische Konstruktion der Christusfigur aus, sondern zuerst auf die Beobachtung des irdischen Jesus.

Damit hat Luther eine Korrelation von Person Christi und Person des Menschen erreicht; hier handelt es sich um eine existentielle Vorstellung des Heils, das gerade in dieser Sicht an die Wurzel menschlichen Lebens reicht. Luther ist damit zweierlei gelungen. Einmal hat er den Vollzug des Heils ganz an die biblisch-historische Wahrnehmung Jesu geknüpft und so Christus und Glaube aufs engste verbunden. Die religiöse Selbstdeutung des Glaubens ist Selbstvollzug menschlichen Lebens nach der

Gestalt und dem Muster Christi. Auf der anderen Seite bietet Luther eine gewichtige logische Alternative zu den Problemen an, in die sich die traditionelle Zwei-Naturen-Lehre bewußtermaßen begeben hat. Denn nun tritt der Existenzvollzug Jesu selbst in den Mittelpunkt; nur in ihm, also in der unanschaulichen Einheit seines Menschenlebens, sind die »Naturen« miteinander – für uns heilvoll – verbunden.

Allerdings verlangt es besondere Aufmerksamkeit, diese Leistung der Christologie Luthers deutlich zu Gesicht zu bekommen. Ja, bisweilen hat er sie selbst durch mancherlei traditionelle Ausdrucksweisen undeutlich werden lassen. Denn oberflächlich ändert sich ja am herkömmlichen Themenbestand der Auffassung Christi (Naturen, Person, Werk) gar nichts. Wie weitgehend dennoch, unterhalb der Ebene der überlieferten Begriffssprache, die Umstellungen in der Christologie durch die Konzentration auf die Person Jesu Christi sind, läßt sich an zwei akademischen Disputationen der Jahre 1539 und 1540 *(Disputatio de sententia: Verbum caro factum est (Joh. 1,14); Disputatio de divinitate et humanitate Christi)* erkennen, die in Wittenberg unter Luthers Vorsitz stattfanden; also an zwei Stücken aus dem regulären Schulbetrieb der Wittenberger Universität.[19]

Hier wird der Versuch unternommen, im Streit mit anderen Auffassungen von der Identität Jesu Christi die Pointe der neuen Wittenberger Sicht zu bestimmen. Wenn man nämlich erst einmal die Aufmerksamkeit umgestellt hat von der logisch-metaphysischen Frage, wie die zwei Naturen in Christus vereinigt gedacht werden können, auf die Frage, inwiefern denn diese beiden Prädikate sinnvollerweise der Person Jesu Christi zukommen, dann ändert sich auch der Umgang mit dem, was »Natur« oder »Wesen« heißt. Die Voraussetzung zur Beantwortung der Frage, wer denn in Wahrheit Jesus Christus ist, liegt dann im Leben, im Existenzvollzug Jesu selbst. Von diesem Leben aber kann man nur das wissen, was es über sich selbst zu erkennen gibt. Die Weise, in der sich solche Erkenntnis vermittelt, ist die Sprache; die Sprache, in der Jesus spricht und dabei sich selbst, Gott, Welt und Mensch deutet. Damit findet in Luthers Theologie eine bemerkenswerte, von ihm selbst gar nicht in alle Konsequenzen hinein verfolgte Umorientierung der wissenschaftlich-theologischen Basisorientierung statt: weg von einer statisch-metaphysischen, theoretisch ausgerichteten Sachverhaltsspekulation hin zu einer relational-dynamischen, am praktischen Sichverständigen interessierten Sprachreflexion. »Sprache« statt »Sein« ist die elementare Bezugsdimension der Theologie. Die traditionelle Zwei-Naturen-Lehre wird zu einer Sprachaufgabe.

Selbstverständlich ist das Außerordentliche dieser Wendung Luther selbst und den Zeitgenossen nicht verborgen geblieben, auch wenn die letzten, generalisierenden Folgerungen nicht zum Thema gemacht wurden. Das Bewußtsein der Neuartigkeit hat sich – etwa in den genannten Disputationen – darin zur Geltung gebracht, daß man sich zu bisher unüblichen Redearten genötigt sah, um die Eigenart der Person Jesu Christi zur Aussage zu bringen. Insbesondere geht es dabei um solche Sprachformen, die die wechselseitige Teilhabe göttlicher und menschlicher »Natur« aneinander zum Gegenstand haben. Denn auf der Basis der Priorität personaler Einheit in der Existenz Jesu muß gesagt werden, daß »Gott Mensch ist« und daß »Mensch Gott ist«. Dem entspricht, daß es so etwas wie eine Prädikatenübertragung zwischen »Gott« und »Mensch« gibt. In der Person Jesu ist »Gott« nicht nur Mensch geworden, sondern er hat auch gelitten, ist gestorben. Der berühmt-berüchtigte Satz, den Hegel in seiner Religionsphilosophie zutreffenderweise als spezifisch lutherisch zitiert, »Gott selbst ist tot«, bezieht von hier aus seinen genauen Sinn. Mißverstanden aber ist er dann, wenn man daraus ein substanzmetaphysisches Urteil macht, das über ein Wesen Gottes im allgemeinen gesprochen sei. Versteht man die Aussage so, dann muß man sagen: Sie ist entweder Unsinn, weil Gott gar nicht sterben kann (das ist die traditionelle Ansicht), oder sie bringt an den Tag, was schon immer der Fall war, daß Gott nämlich gar nicht Gott, sondern selbst ein vergängliches Wesen ist (das ist die religionskritische Lesart). Hält man jedoch die Genese dieses Satzes fest, dann ist es evident, daß diese beiden Verständnisversuche die Pointe verfehlen. Was Luther meint, ist dies: Durch Jesus sind Gott und Mensch in einem gemeinsamen Deutungsvorgang miteinander verbunden; dieser zwingt dazu, aufgrund der Geschichte und Person Jesu von Gott menschlich und vom Menschen göttlich zu reden. Das bedingt dann auch, im Menschsein Jesu stets das Göttliche anwesend zu wissen, auch und gerade da, wo man nichts von Macht und Herrlichkeit sieht. Diese Wechselseitigkeit der Redeformen ist – allein! – die Art und Weise, den Sinn der »Zwei-Naturen-Lehre« zur Geltung zu bringen.

Daß die »Zwei-Naturen-Lehre« zu einer Sprachaufgabe wird, das bedeutet für uns folgendes. Es geht nun darum, in sprachlichen Deutungshandlungen das allein durch Jesus ermöglichte und in ihm Bestand habende, unzertrennliche Miteinander von Gott und Mensch zur Aussage zu bringen. Also von Gott nicht anders als in der Beziehung zum Menschen, vom Menschen nicht anders als in Relation zu Gott zu reden; wobei die Pointe darin besteht, daß sich im identischen Ausdruck von »Beziehung« oder »Relation« ein unterschiedlicher, zu differenzierender Sinn verbirgt. Was in Jesus ein für allemal vorliegt und gegeben ist, kann und muß in einer Neueinstellung unserer Selbstdeutung vor Gott nachgesprochen und eingeholt werden. Und umgekehrt gilt: Wer Jesus in Wahrheit ist, worin seine Identität besteht, das läßt sich nur dann sagen, wenn wir so davon reden, daß unsere eigenen Selbstdeutungen zu Selbstdeutungen vor Gott werden und wir darüber in Beziehung zu Gott geraten. Luthers Auflösung der alten metaphysischen Formen der Christologie dient genau der Entdeckung und Bewährung des wesentlichen »Für-uns« Jesu, in dem sich das »Für-uns« Gottes zur Geltung bringt. Das »objektive« Verständnis der Identität Jesu ist nur dann gegeben, wenn es zu unserem subjektiven Verständnis, zu einem durch ihn aufgeklärten Verstehen unserer selbst wird. Luthers Orientierung an dem, was in moderner Einstellungsweise »historischer Jesus« heißt, unterscheidet sich wiederum darin entscheidend von dieser Wahrnehmungsform, daß es das »Für-uns«, das tatsächlich in dieser Geschichte enthalten ist, nicht methodisch ausblendet.

»Aus dem allen lernen wir, daß es nicht genug gepredigt ist, wenn man Christi Leben und Werk obenhin und nur als eine Historie oder Chronikengeschichte predigt [...]. [...] er soll und muß so gepredigt sein, daß mir und dir der Glaube daraus erwächst und erhalten wird. Dieser Glaube wächst und wird erhalten dadurch, daß mir gesagt wird, warum Christus gekommen ist, wie man ihn gebrauchen und genießen soll, was er mir gebracht und gegeben hat.«[20]

Jesus Christus verwirklicht in seiner Geschichte die Einheit von Gott und Mensch, die bei uns als Glaubensgerechtigkeit existiert. Dies läßt sich verstehend dann nachvollziehen, wenn es zu einem Ineinander der Selbstdeutung Jesu und unserer Selbstdeutung kommt. Weil solche Deutungen immer nur eigene Versuche sein können, sei hier ein solcher eingeschaltet, der diesen Sachverhalt der Selbstdeutung des Lesers nahebringen möchte; auf Luthers Spur, aber nicht mit Luthers Worten. Die leitende Absicht dabei ist es, deutlich zu machen, inwiefern aufgrund der Geschichte Jesu Christi vom grundsätzlichen »Für-uns« Gottes gesprochen werden kann, von dem die Glaubensgerechtigkeit lebt.

Jesus lebt, so zeigen ihn die Evangelien, als Mensch »für« Menschen. Er predigt und lehrt, heilt und tut Wunder. Er zieht umher, sucht die Menschen auf. Er kümmert sich besonders um die, die andere nötig haben. Weil sie krank sind oder traurig, schuldig oder ausgestoßen. Auf der anderen Seite stößt er die zurück, die meinen, andere Menschen nicht zu brauchen. Die Auswahl derjenigen, mit denen er es – so oder so – zu tun hat, läßt sich dabei nicht nach ideologischen Kriterien rekonstruieren. Das hat schon bei den Zeitgenossen zu Irritationen geführt. Dieses Bild eines eigentümlichen Lebens »für« Menschen kann als ein Grundtenor der Evangelien gesehen werden; und dieser gilt ganz ungeachtet der Tatsache, daß die Evangelien selbst aus einer positiven Haltung zu Jesus heraus geschrieben sind und daß infolge dieser Glaubensperspektive unterschiedliche wissenschaftliche Rekonstruktionen des »historischen« Jesus zu unterschiedlichen Ergebnissen führen.

Es gibt nun aber in dem zugleich einheitlichen wie vielfältigen Verhalten Jesu zu den Menschen um ihn herum nur eine Konstante, die dieses bündelt: sein Gottesverhältnis – oder: seine Selbstdeutung vor Gott. Jesu Vater-Anrede, mit der er sich auf Gott bezieht, zeigt implizit an, daß er ein Verhältnis von unüberbietbarer Nähe beansprucht. Entsprechend ist der integrierende Begriff seiner Verkündigung »Reich Gottes«: die direkte, unmittelbare Herrschaft Gottes in der Welt. Diese kommt freilich zunächst nur in der Form zu den Menschen, daß Jesus sie verkündet. Seine Verkündigung ist die Gestalt, in der sie den Menschen auf den Leib rückt. Jesus, so zeigt es die in seiner Verkündigung vom Gottesreich enthaltene Selbstdeutung, weiß sich ebenso »vor Gott« wie »für Gott« stehend. Seine Position »für Gott« besagt dabei ein Doppeltes: Er ist »für Gott« offen im Sinne einer Selbstbestimmung allein von Gott her; und er steht »für Gott« vor den Menschen, als autorisierter Bote. Auch diese Beschreibung seiner Beziehung zu Gott kann als Konstante des Jesus-Bildes der Evangelien gelten; und sie trifft sogar dann zu, wenn man alle vom Glauben gemalten Züge des Jesus-Bildes entfernt; kein wissenschaftlicher Bibelausleger kann von dem Anspruch Jesu auf seine Selbstdeutung vor Gott absehen – ganz unbenommen der Wertung, die er dieser Wahrnehmung geben mag.

Der Sinn der doppelten Stellung Jesu »für Gott« und »für die Menschen« ist, wie er selbst zu erkennen gibt, die vorbereitende Durchsetzung unmittelbarer, nicht negierbarer Präsenz Gottes auf der Erde unter den Menschen, also Gottes universale Anerkennung als Gott. Nun zeigt es sich aber, daß dieses Ziel jedenfalls insofern scheitert, als sich keineswegs alle Menschen von Jesu Botschaft überzeugen lassen. Vielmehr findet er – möglicherweise unmittelbar aus politischen Motiven der römischen Besatzungsmacht, aber nicht ohne den Hintergrund seiner politisch mißverstehbaren Verkündigung und auch nicht ohne religiöse Rivalität im Judentum seiner Zeit – den Tod. Zweifellos stellt Jesu Tod das doppelte »Für« seines Lebens in Frage; und fraglos hätte sein Tod auch das Ende der – dem Anspruch nach umfassenden – Bedeutung seines Lebens für die Menschen sein können. So ist es nicht gewesen. Nach Jesu Tod hat es unter denjenigen, die ihm nachfolgten, die Erfahrung einer neuen, sie selbst überraschenden Verbundenheit mit Jesus als Gegenwart Jesu gegeben, die sie sich, im weltanschaulichen Horizont der Zeit, nur als Auferstehung Jesu deuten konnten. Der Sinn dieser Deutung bestand jedoch nicht in der Behauptung eines – wir müßten sagen: die Grenzen naturwissenschaftlicher Begrifflichkeit sprengenden – Naturwunders, sondern in dem Bewußtsein, daß trotz des Todes Jesu die Nähe Gottes zu ihm nicht aufgehoben ist – und genau in diesem Sinne ist die Auferstehung Jesu ein absolutes Wunder. Aus ihm folgt, daß nun der Tod Jesu als Element der Wahrheit seiner Verkündigung verstanden werden muß.

Dieses Verständnis enthält drei Momente. Erstens: Wenn der Tod Jesu in seiner ganzen historischen Kontingenz, die noch der heutigen Forschung große Probleme aufgibt, als sachlich nicht zufällig verstanden werden soll, dann läßt er sich am ehesten so deuten: Die in der Verkündigung Jesu intendierte Korrespondenz des »Für« von Gott und Mensch läßt sich offensichtlich nicht auf dem Wege einer einfachen Verknüpfung beider Seiten erreichen; vielmehr spricht Jesu Tod dafür, daß der Offenheit Gottes »für« die Menschen eine Verschlossenheit der Menschen »für« Gott entgegensteht. Was in der Gestalt Jesu als Lebensvollzug geeint ist, ist es bei den anderen Menschen – die Anhänger Jesu eingeschlossen – nicht. Statt dessen stößt Gottes »Für« auf solchen Widerstand, daß der personale Repräsentant dieses »Für« getötet wird. Sofern aber nun dieser Tod als zur Sache selbst gehörend verstanden werden soll, muß Gottes »Für« als so durchdringend aufgefaßt werden, daß es da und insbesondere da sich zur Geltung bringt, wo es abgelehnt wurde – und wo von seiten des Menschen nichts mehr an Offenheit zu bieten ist. Jesus ist daher einmal als derjenige verstanden worden, der in seiner Person erleidet, was die Konsequenz der verweigerten Antwort auf Gottes »Für« überhaupt ist. Und er ist sodann verstanden worden als derjenige, der in seiner Person die erneute Beständigkeit des göttlichen »Für« erfährt. Im Rahmen der antiken Weltanschauung wird so Jesu Tod einmal als – stellvertretendes – Opfer gedeutet; er gilt aber gleichzeitig als »Erstling der Entschlafenen« (1. Korinther 15, 20), die auferweckt werden.

Dies ist der erste Aspekt im Verständnis des Todes Jesu, das sich seinen Nachfolgern aufgedrängt hat und sich auf Jesus selbst bezieht. Der zweite Aspekt ist dieser: Durch seinen Tod ist Jesus – gegen seine eigene Deutung der stets unmittelbaren Verbundenheit mit Gott – vom unerreichbaren, nur vorbildhaft zu verstehenden Individuum zum individuellen Musterbild menschlichen Existierens vor Gott geworden. Er hat gewissermaßen seine eigene, ihn als Individuum von anderen Individuen unterscheidende Besonderheit aufgegeben, um Platz zu schaffen für andere

Menschen, an seiner Position zu leben. Dadurch, daß Jesus leidet und stirbt, wird er vollends zu einem Menschen wie wir. Allerdings werden wir in gleichem Maße zu einem Menschen wie er. Stellvertretung in diesem Sinne bedeutet, selbst aktiv in die Stelle eines anderen eintreten. Christen existieren wie Christus – also auch in der durch ihn aufgebauten und in seinem Tod uns zugänglich gewordenen Gottesbeziehung oder Selbstdeutung vor Gott.

Der dritte Gesichtspunkt der Deutung des Todes Jesu ist erforderlich, um den eigentümlichen Charakter der Realisierung dieses existentiellen Ineinanders von Christus und Christen und insofern von Mensch und Gott exakt zu bestimmen. Es kann ja nicht so sein, als gebe uns Jesus nun in dem Sinne ein Muster menschlichen Lebens vor, das wir aus eigenem Willen und mit eigener Kraft zu erfüllen hätten. Ein solches Muster oder Ideal würde gerade dem Sinn des Todes Jesu widersprechen, daß wir als Menschen für das »Für« Gottes eben nicht offen sind. Vielmehr muß man sich die musterhafte, für uns offene Weise des Existierens Jesu Christi so denken, daß es sein eigenes Leben – kraft der und in der unverbrüchlichen Gemeinschaft mit Gott – ist, das auch uns zu Menschen werden läßt, die für Gott offen sind. Nur indem wir in dieser Weise auf Gott bezogen sind, daß wir »für ihn« offen sind, erfüllt sich der Sinn des Todes Jesu. Ja, gerade und nur darin erfüllt sich das »Für-Sein« Gottes überhaupt. Jesus Christus ist daher nicht nur das Muster, sondern auch die Kraft christlichen Lebens. Als Christ zu leben heißt daher konsequenterweise, seinen Tod für sich selbst gelten zu lassen und also mit ihm – in seinem Leibe, wie die Tradition sagt, also: in der Gemeinschaft der an ihn Glaubenden – zu leben.

Mit dieser am Begriff des »Für« formulierten Skizze ist versucht worden, das zu umschreiben, was Luther als Wahrnehmung der Person Christi in ihrer Gott und Mensch verbindenden Geschichte der Sache nach im Auge gehabt hat; es liegt im Vollzugscharakter solcher Deutung überhaupt, daß das Gemeinte stets neu formuliert werden muß. Auf dem Hintergrund dieser strukturierenden Überlegungen wird dann auch eine so poetisch formulierte Stelle aus der Schrift über die *Freiheit eines Christenmenschen* wie die folgende entschlüsselbar:

»Der Glaube gibt nicht nur soviel, daß die Seele dem göttlichen Wort gleich wird, sondern er vereinigt auch die Seele mit Christus als eine Braut mit ihrem Bräutigam. Aus dieser Ehe folgt, wie St. Paulus sagt, daß Christus und die Seele ein Leib werden (Eph. 5, 30). So werden auch beider Güter, Glück, Unglück und alle Dinge gemeinsam; das, was Christus hat, ist der gläubigen Seele zu eigen; was die Seele hat, wird Christus zu eigen. So hat Christus alle Güter und Seligkeit; die sind auch der Seele zu eigen. So hat die Seele alle Untugend und Sünde auf sich; die werden Christus zu eigen. Hier erhebt sich nun der fröhliche Wechsel und Streit. Weil Christus Gott und Mensch ist, der noch nie gesündigt hat, und seine Frommheit unüberwindlich, ewig und allmächtig ist, so macht er denn die Sünde der gläubigen Seele durch ihren Brautring – das ist der Glaube – sich selbst zu eigen und tut nichts anderes, als hätte er sie getan. So müssen die Sünden in ihm verschlungen und ersäuft werden, denn seine unüberwindliche Gerechtigkeit ist allen Sünden zu stark. So wird die Seele von allen ihren Sünden durch ihren Brautschatz geläutert, das heißt: des Glaubens wegen ledig und frei und begabt mit der ewigen Gerechtigkeit ihres Bräutigams Christus.«[21]

Die Gegenwart Jesu Christi

Die Gestalt Jesu Christi nach Anleitung Luthers so zu deuten, wie es hier versucht wird, verstrickt in Prozesse der Selbstdeutung. Dabei erreicht die Verknüpfung der Deutungen da ihr Ziel, wo die Person Jesu selbst als Deutungsmuster des eigenen Lebens entdeckt wird; als ein Deutungsmuster, das sein Einleuchten nicht mehr darin besitzt, daß es die Veranschaulichung eines bereits gewußten Sachverhaltes ist, sondern die im eigenen Sichverstehen sich aufbauende Grunddeutung eigenen Lebens vor Gott. Man kann dies, der religiösen Sprache angenähert, Selbstvermittlung Jesu Christi nennen.

Es ist dieser Gesichtspunkt der Selbstvermittlung Jesu Christi, der für die besondere Bedeutung verantwortlich ist, die Luther dem Sakrament des Abendmahles zumaß. Dabei geht es einmal um die Abgrenzung zum römisch-katholischen Meßverständnis. Nach traditioneller Auffassung stellt sich darin die Teilhabe am Geschick Christi als Inkorporation in den Leib der Kirche dar, die ihrerseits die gegenwärtige Realitätsgestalt Christi auf Erden ist. Aus diesem Gedanken leitet sich die Stellung des Priesters ebenso wie die Auffassung vom unblutig wiederholten Kreuzesopfer Jesu in der Messe ab. Demgegenüber machte Luther im Sinne der Glaubensgerechtigkeit die Einigung mit Christus selbst – ohne die Vermittlungsgröße der Kirche – geltend. Es ist das Wort Jesu allein, das die Gewähr für die Realität des Abendmahles bietet. Die Aussagen »Das ist mein Leib« und »Das ist mein Blut« in den Einsetzungsworten des Abendmahles sind die alleinige Versicherung der Wahrheit des Gemeinten: Das bin ich selbst. Abendmahl ist die Selbstvergegenwärtigung Jesu in den leiblichen Vollzügen von Essen und Trinken. Darum ist Luther auch vergleichsweise wenig interessiert an der Erörterung metaphysischer Vorstellungsmöglichkeiten, die diesen Vorgang erläutern sollen. Der Christologie als Sprachaufgabe entspricht in der Abendmahlslehre die Konzentration auf die Pragmatik von Stiftungswort und leiblichem Genuß, also der aktualistische Charakter, der sich dem institutionellen Gefängnis der altgläubig-katholischen Praxis und Lehre entzieht. Was hier in actu geschieht, ist jedoch um nichts weniger wirklich. Das ist der andere Akzent in der Abendmahlslehre, den Luther setzt.

Die spezifische Leiblichkeit von Essen und Trinken im Abendmahl unterstreicht einerseits, daß es schon beim Wort Gottes nicht um bloß intellektuelle Einsicht, sondern um reale Bestimmungsvollzüge leiblichen Lebens in der Weise durchgreifender Deutung geht. Jesus selbst lebt sein ganzes leibliches Leben aus der Offenheit für Gott und in der Repräsentation Gottes für die Menschen. Insofern ist sein Wort von seinem Leib nicht verschieden. Umgekehrt ist das Abendmahl dann auch derjenige Vorgang, in dem die Leiblichkeit des Wortes Gottes die Menschen ergreift, die an ihm teilnehmen. Diese Seite des Abendmahles hat Luther mit Zwingli und den oberdeutschen Reformatoren entzweit – zum politischen Schaden der reformatorischen Bewegung. Denn bei seinen Schweizer und Elsässer Kontrahenten vermutete Luther eine Spiritualisierung – und das heißt: eine Zerteilung – der Selbstvergegenwärtigung Christi. Luthers Hintergrund der Abendmahlskontroverse, die von unterschiedlichen Motivsträngen bestimmt wird und die auf dem Marburger Religionsgespräch von 1529 einen Höhepunkt fand, ist nach dem vorher gegebenen Blick auf die zentralen Merkmale der Christologie nachvollziehbar. Von Christus muß gesagt werden: Gott ist Mensch – und Mensch ist Gott. Weil das zwar von seiner Person, aufgrund ihrer aber unwiderruflich und Gott selbst bindend gilt, muß man sagen: Auch wo Jesus – als Auferstandener – ganz in der Kraft Gottes lebt, ist seine Menschheit nicht verschwunden. Sie muß, so schließt Luther, also auch an dem göttlichen Prädikat der Allpräsenz teilhaben. Darum ist Jesus Christus da, wo er sich im Abendmahl selbst vergegenwärtigt, ganz und gar präsent – und nicht nur etwa vermöge der die Verbindung zu ihm stiftenden Erinnerungskraft derer, die da essen und trinken. Die aus diesem Gedanken der Selbstrepräsentation sich ergebenden Konsequenzen ontologisch-zeichentheoretischer Art sind weitreichend; sie können hier nicht erörtert werden.

Luthers Abendmahlslehre steht, wie nicht anders zu erwarten, in engstem Zusammenhang mit seiner Christologie. Gegenüber Rom betont Luther die allein durch Jesus Christus selbst – und durch keinen Priester – vollzogene Selbstvergegenwärtigung. Gegenüber Zwingli will er festhalten, daß diese Selbstvergegenwärtigung von gleicher gottmenschlicher Realität ist wie Jesu Leben selbst. So wie seine Christologie steht auch seine Abendmahlslehre im Zeichen der von Gott selbst beim Menschen zur Geltung gebrachten Glaubensgerechtigkeit.

In einem kulturtheoretischen Kontext betrachtet, besagen Christologie und Abendmahlslehre Luthers, daß sich die religiös letztgültigen Selbstdeutungen nach christlichem Verständnis nur so aufbauen, daß in ihnen auch die Kraft ihrer eigenen Verwirklichung mitgedacht wird. Das macht das Christentum stark, weil die Glaubensüberzeugung als Teilhabe an Gott selbst gewußt wird, aber auch anfällig, weil der Vollzug des Glaubens Bedingung seiner Wahrheit ist.

6. Der offenbare und der verborgene Gott

Glaubensgerechtigkeit als Gottvertrauen

Glaube, so hatten wir gesehen, ist diejenige Weise der Selbstdeutung, die das eigene Leben und dessen steuernde Mitte Gott unterstellt, weil sie darum weiß, daß Gott »für uns« ist. Glaube ist also die eigentümliche Form der Einigkeit von Gott und Mensch. Blickt man noch genauer auf die Entstehung des Glaubens, dann muß man sagen: Er kommt dadurch zustande, daß im Wort Gottes oder in der Geschichte Jesu Christi Gott als »Gott für uns« ergriffen und wahrgenommen wird. Daß Gott ergriffen und wahrgenommen werden muß, bedeutet aber, daß es keine allgemeine, plane Zugänglichkeit Gottes gibt; nicht einmal in dem Sinne, als gebe es irgendwo und von irgendwem gehütet ein verborgenes Geheimnis, das, einmal entdeckt, nun seine Verborgenheit verloren hätte. Die Selbstdeutung, die der Glaube an Gott ist, besitzt statt dessen gerade darin ihren schlechthin durchgreifenden Charakter, daß sie sich auch von einer derartigen verborgenen Positivität befreit weiß. Das erhöht natürlich das Risiko des Glaubens: Gott und Mensch begegnen sich in der Weise eines vorbehaltlosen Offenseins füreinander; aus dieser Formulierung wird aber auch deutlich, daß ein solches Risiko der einzige Weg ist, auf dem sich Gewißheit einstellt. Über die Probleme, die sich ergeben, wenn man Glauben so verstehen muß, berichtet dieses Kapitel.

Glaube an Gott muß entstehen. Wie der Glaube entsteht, das

hat Luther mit großer Präzision in seiner Auslegung des ersten Gebotes gezeigt, die er im *Kleinen* und im *Großen Katechismus* gegeben hat.

»Ich bin der Herr, dein Gott. Du sollst nicht andere Götter haben neben mir.

Was ist das?

Wir sollen Gott über alle Dinge fürchten, lieben und vertrauen.« [22]

Die beiden Sätze des Gebotes selbst bringen implizit einen Gegensatz zur Sprache. Mit dem ersten Satz führt sich Gott in der sprachlichen Form einer Selbstvorstellung selbst ein; hier liegt der Akzent darauf, daß man auf den Gottesgedanken nicht durch Rückschluß aus gegebenen Zuständen der Welt kommt, sondern durch ein sprachliches Handeln, das als kontingent, als nicht notwendig verstanden werden muß. Wieder nichtmythologisch ausgedrückt: Gott wird – nach christlichem und jüdischem Verständnis – evident aufgrund eines sprachlichen Handelns von Menschen, die den Gottesnamen gebrauchen; es handelt sich also um dieselbe Bewegung, die im Kapitel 4 (s. S. 47-52) am Ausdruck »Wort Gottes« erläutert wurde.

Diese Selbstvorstellung Gottes stößt nun aber auf ein menschliches Bewußtsein, dem der Gedanke von »Göttern« offenbar gar nicht fremd ist; sonst müßte die Aufforderung, nicht andere Götter zu haben, nicht hinzutreten. In der Erklärung des ersten Gebotes im *Großen Katechismus* hat Luther diese Tendenz des Menschen, sich »Götter« zu schaffen, ausführlich beschrieben. Er hat damit auf den anthropologischen Sachverhalt abgehoben, daß menschliche Selbstdeutung als Sinnsuche verfährt, die nach einem Abschluß für ihr Sinnbewußtsein sucht. Eine derartige Abschlußformel fungiert als Gewißheitsstiftung für das stets riskante, vom Scheitern bedrohte Handeln des Menschen. Vor allem »Geld und Gut« wird nach Luthers Analyse in dieser Funktion in Anspruch genommen; also dasjenige Medium, das zugleich Erhalt und Sicherung des Lebens verspricht wie auch unbegrenzt steigerbar ist. Nun läßt sich leicht erkennen, daß eine Unterordnung des Lebens unter dieses Medium des Lebenserhaltes keineswegs die beanspruchte Gewißheit vermittelt; die Abhängigkeit von »Geld und Gut«, so alternativlos sie sich gibt, führt vielmehr in die Dialektik von Gewinnstreben und Verlustangst.

An diese Dialektik knüpft die Erklärung zum ersten Gebot im *Kleinen Katechismus* an, wenn von Furcht und Liebe die Rede ist. Sie gehört zu einem jeden dieser letzten Verhältnisse. Abhängigkeit wird gesucht, weil man sie zu brauchen meint; und sie wird gefürchtet, weil sie die Freiheit einschränkt. Ja, auch das Verhältnis zu dem Gott, der sich als er selbst vorstellt und der sich darin als von sich aus »für uns« existierend zu erkennen gibt, ist von dieser Dialektik mitbestimmt. Auch Gott selbst ist zu fürchten um seines Zornes willen; das entspricht der Erfahrung, sich selbst vor Gott vollständig negativ beurteilen zu müssen, also dem Urteil des »Gesetzes«, von dem oben die Rede war. Auf der anderen Seite ist Gott liebenswert, weil er es eben bei dieser Entfernung zwischen sich und uns nicht läßt; weil er sich also im »Evangelium« uns zuwendet. Allerdings wird auch durch diese Doppelerfahrung die Zwiespältigkeit nicht getilgt. Im Gegenteil: Sie wird sogar noch gesteigert, indem die Alternative zu den »Göttern« so scharf gesehen wird, daß Gott »über alle Dinge« und über alle »Götter« zu fürchten und zu lieben ist. Damit wird die Antinomie aufs äußerste getrieben. Sie ist überhaupt nur auszuhalten, weil sie nicht das Letzte ist, um das es geht: »wir sollen Gott [...] vertrauen«, steht am Ende. Auffällig ist der Wechsel des Kasus: Gott fürchten, Gott lieben – hier liegt der Akkusativ vor. Gott vertrauen – hier regiert, ohne daß das zu einer lautlichen oder schriftlichen Veränderung des Wortes führte, der Dativ.

Gott vertrauen – das ist also dasjenige Verhältnis, das über die hochgesteigerte Ambivalenz von Furcht und Liebe hinausreicht, das durch sie hindurchgreift, auch wenn sich die gefühlsmäßige Doppelheit nicht aufhebt. Im Vertrauen nimmt der Glaube Gott als Gott »für uns« wahr – und läßt die unvermeidlich mitspielenden, widersprüchlichen Gefühlsregungen wie Furcht und Liebe hinter sich. Er überwindet damit auch die Effekte, die der Gottesgedanke als von uns produzierter Gedanke immer bei sich führt: selbst gesetzte Abhängigkeit, die durch Emanzipationsstreben bekämpft wird. Und er durchstößt damit zugleich das Erscheinungsbild Gottes in der Religion, das zwiespältig ist, wie die Religionsgeschichte lehrt. Es ist gerade die Unterscheidung zwischen Furcht und Liebe einerseits und Vertrauen andererseits, die Gottvertrauen als die Weise der Glaubensgerechtigkeit erkennen läßt.

Die Verborgenheit des offenbaren Gottes

Glaube als Gottvertrauen ist die Entdeckung Gottes als »Gott für uns«. Nun darf das, wie eingangs gesagt, nicht so verstanden werden, als sei damit vom menschlichen Bewußtsein ein versteckter Besitz errungen worden, über den es nun verfügen könnte. Das hieße gerade nicht Gott »über alle Dinge« vertrauen, sondern hier läge ein Vertrauen in gegenständlicher Bindung vor. Der Glaube, der Gott vertraut, darf sich nur und allein auf ihn verlassen. Und Gott ist gerade darum vertrauenswürdig, weil er sich der Transformation in einen – geistlichen – Besitz entzieht. Er ist als der »offenbare« der »verborgene« Gott.

Dieser Gedanke, der für die Tragfähigkeit der letztvergewissernden Selbstdeutung im Christentum entscheidend ist, ergibt sich aus dem Ursprungsort des Christentums selbst, dem Tod

Jesu. Jesu Tod ist das offenbare Ende seiner Gottverbundenheit, die sein Leben auszeichnete. Das Verständnis von Jesu Tod, das mit der Deutung seiner Gegenwart verbunden ist, die sich als Auferstehung ausspricht, besagt jedoch, daß gerade durch dieses Ereignis eine erweiterte Beziehung Gottes selbst zum Tod gestiftet wird. Luther hat dieses Verhältnis in der Sprachregel festgehalten, daß dasjenige, was in der Geschichte Jesu geschehen ist, auch von Gott – der im Leben Jesu präsent ist – gesagt werden kann und muß. Insofern kann davon gesprochen werden, daß Gott in Jesus gelitten hat und gestorben ist; weil man das anders als von diesem Punkt aus nicht sagen kann, kann man den Sachverhalt auch so ausdrücken: In Jesu Tod hat Gott selbst den Tod kennengelernt, hat er den Tod an sich erfahren.

Damit ändert sich der Zugang zu Gott. Gott, der den Tod, die menschliche Sterblichkeit, an sich erlitten hat, ist nun nicht mehr aus seinem Verhältnis zur Welt überhaupt zu begreifen. Gottes Schöpfermacht, die ihm im Blick auf die Welt zugemessen wird, reicht weniger tief ins Wesen Gottes als seine Teilhabe am Tod Jesu. Gott wird damit in einem potenzierten Sinne unanschaulich, weil überhaupt nicht mehr durch Anschauliches vermittelbar. Nämlich auch nicht mehr hinreichend durch Jesu Leben und seine Verkündigung, sondern allein so, daß Jesu Leben und sein Tod zur Einheit seiner Geschichte zusammengefaßt werden. Gott ist daher in einer Weise für die Menschen da, die über seine Verbindung mit der geschaffenen Welt hinausgeht. Gott repräsentiert sich schlechthin selbst, indem er in Jesu Tod seine Selbstbestimmung für die Menschen als das entscheidende Merkmal seines Wesens von seiner Selbstbestimmung zum Schöpfer unterscheidet.

Genau darum freilich kann der Glaube mit ihm eins sein. Denn auch der – durch das Verständnis des Todes Jesu entstandene – Glaube an Gott entschlägt sich aller Vermittlung Gottes durch die geschaffene Welt und hat es mit ihm selbst zu tun. Der Glaube ist daher das Wahrnehmen Gottes als »Gott für uns« an dem Ort, an dem Gott in letzter Weise als er selbst ist.

Diesen Gedanken hat Luther oftmals umspielt, wenn er von der Verborgenheit Gottes in seiner Offenbarung sprach. Er hat dabei den hier vorgestellten Sachverhalt auf unterschiedlich tiefen Schichten argumentativ entfaltet. Auf einer ersten, obersten Ebene hat er auf den anschaulichen Widerspruch verwiesen, der zwischen der Menschengestalt Jesu und der Göttlichkeit Gottes vorliegt; daß Gott überhaupt in diesem Menschenleben präsent ist, stellt bereits eine Weise der Verborgenheit dar, die von dem schlußfolgernden Verstand, der Gott als letzten Grund der Welt zu kennen meint, als eine Absurdität empfunden wird. Zugespitzt und auf den Grund gebracht wird diese Verborgenheit Gottes im Leben Jesu durch Jesu Tod; hier ist der äußerste Grad der Verborgenheit erreicht. Erst hier aber wird der Gedanke zwingend, daß es sich bei Gottes Verborgenheit im Geschick Jesu um eine unaufhebbare handelt; jede bloß irdisch-anschauliche Repräsentation könnte noch immer als Vorschein oder Abglanz des in Wahrheit Gemeinten erscheinen. Diese Steigerungsmöglichkeit von Weltlichem zu Göttlichem wird durch die Teilhabe Gottes am Tod Jesu prinzipiell ausgeschlossen.

Diese Einsicht ist der Grund für Luthers nicht selten geäußerte antiphilosophische Polemik. Aus ihr spricht nicht blinder Irrationalismus, sondern das Wissen darum, daß der rückschließende Weg aus der Welt auf Gott ungangbar geworden ist. »Daß sich der Glaube auf nichterscheinende Sachverhalte bezieht«, ist eine berühmte Formulierung Luthers für diese Wahrheit. [23] Sie ist verankert in der tiefsten Verborgenheit Gottes im Tode Jesu, welcher zugleich den äußersten Ort von Gottes Gegenwart darstellt.

Damit ist der Sinn der Rede von einer Verborgenheit des offenbaren Gottes erläutert. Diese Redeweise unterstreicht, daß

Gott allein im Menschen Jesus zu finden ist, und zwar entscheidend in Jesu Tod. Es ist auch deutlich geworden, inwiefern gerade das Gottvertrauen an dieser Stelle den tiefsten Trost im Leben und im Sterben vermittelt; aufgrund seiner Präsenz im Tod kann uns nichts mehr scheiden von der Liebe Gottes (Römer 8, 38 f.).

Von dieser offenbaren Verborgenheit ist die Verborgenheit des verborgenen Gottes zu unterscheiden. Nur mit dieser Unterscheidung wird man dem oft mißverstandenen Thema der Verborgenheit Gottes bei Luther gerecht.

Die Verborgenheit des verborgenen Gottes

Eine Einsicht in Luthers umstrittene Aussagen von der Verborgenheit – des verborgenen – Gottes erschließt sich nur, wenn man auch hier die Perspektive des Glaubens einnimmt. Der Glaube stellt, wie wir sahen, Gott alles anheim, auch sich selbst; ja er ist gerade ein Sichverlassen auf Gott, in Gott hinein. Insofern nimmt der Glaube nicht Gott in Besitz. Die Teilhabe an Gott im Modus des Glaubens verlangt jedoch eine weitere Erläuterung. Denn Glaube ist stets auch Bewußtsein; und dem Bewußtsein ist die Fähigkeit eigen, sich in Abstraktion von allen Inhalten des Bewußtseins auf sich beziehen zu können – ja sogar von dem erfüllenden Inhalt, den das Sichverlassen auf Gott darstellt. Damit kommt eine eigentümliche Figur in den Blick. Denn wenn es geschieht, daß ein Glaubender sich so von Gott unterscheidet, daß er sich auf sich selbst bezieht und Gott dabei zu einem negierbaren Inhalt des Bewußtseins herabsetzt, dann tritt faktisch eine Spaltung im Bewußtsein ein: zwischen jenem Bewußtsein, das sich im Glauben mit Gott einig weiß, und jenem anderen, das sich seiner eigenen Reflexionstätigkeit verdankt. Und es kennzeichnet das Auseinandertreten dieser Bewußtseinsformen, daß sich kein

Übergang denken läßt von jenem abstrakten Selbstbewußtsein zur Glaubensgewißheit, der nicht von Gott selbst vermittelt wäre. Das bedeutet aber: Der Glaube wird faktisch vom Unglauben wie von seinem Schatten begleitet; und seine Gestalt gewinnt der Glaube nur durch Gott selbst, der in ihm sich gegenwärtig macht. Das heißt freilich umgekehrt auch: Der Glaube ist so sehr Ent-Sicherung, daß er noch für die – in der Beziehung auf sich selbst empfundene – Anfechtung der Abwesenheit Gottes Gott selbst in Anspruch nehmen muß. Aus diesem Gedanken resultiert das Thema der Erwählung oder Prädestination; durch den Begriff der Erwählung wird unterstrichen und festgehalten, daß es allein Gott selbst ist, der für das Heil, seine Gegenwart im Glauben des Menschen, verantwortlich ist. Die positive Erwählung des Menschen ist der Bezugspunkt für Luthers These von der Unfreiheit des Willens, die so aufgefaßt werden muß, daß der eigene Wille zum Aufbau der Gottesbeziehung nicht beiträgt. Mit dem großen Humanisten Erasmus von Rotterdam hat Luther diese Fragen kritisch und polemisch in den Jahren 1524 und 1525 diskutiert.[24] Macht man sich den außerordentlichen Status des Glaubens als eines vollständigen Gottvertrauens klar, dann ist diese Auffassung Luthers einleuchtend. Mit der Seite der positiven Erwählung entsteht aber auch das Problem der Nicht-Erwählung oder Verwerfung. In den Debatten über dieses nicht einfache Thema gilt es, drei Hinsichten zu unterscheiden.

Der erste Fragenkomplex ist der nach der *eigenen Erwählung*. Im Glauben besteht ein Verhältnis zu Gott, in dem gewußt wird, daß Gott – so wie meinen Glauben – alles wirkt. Wie ein Schatten ist aber mit dem Glauben der Unglaube verbunden. Also, so drängt sich als Folgerung auf, wirkt Gott nicht nur meinen Glauben, sondern auch meinen Unglauben. Warum ist das so? Da ja alle Menschen von sich aus nichts tun können, um der Gegenwart Gottes im Glauben teilhaftig zu werden (»alle sind Sünder«), kann ich als Grund meines Unglaubens oder meiner Anfechtung, wie sie sich in der zweifelnden Frage »Bin ich erwählt?« bzw. »Glaube ich wirklich?« ausspricht, nur Gott selbst ansehen. Diese unumgängliche Konsequenz konfrontiert mich mit der Alternative, entweder den Satz vom gottgewirkten Glauben und damit den Gedanken vom sich selbst den Menschen erschließenden Gott überhaupt aufzugeben – oder an jenem Satz festzuhalten und Gott mit Gott selbst in Widerstreit zu bringen, also sein »Sein für uns« mit seinem offenbar im Falle meiner Anfechtung drohenden Nicht-Erwählen zu konfrontieren.

Diese Alternative ist logisch und empirisch real. Es gibt Menschen, die sich aufgrund der Anfechtung und der Ungewißheit von Gott abwenden – und es lassen sich keine durchschlagenden Gründe anführen, das nicht zu tun. Insbesondere wer an dem aufklärerischen Gedanken vom ausschließlich »guten« Gott hängt, wird zu dieser Konsequenz neigen; ein Gott, der verwirft, verdient danach keine Anerkennung als Gott. Es ist allerdings nicht zwingend, sich diesem Gedanken anzuschließen. Zumal dann, wenn man das Gewicht des Einwandes erwägt, ein nur guter Gott sei lediglich die Projektion der eigenen menschlichen Ambivalenz zum Zwecke ihrer Bewältigung. Statt dessen ist der aufgenommene Widerstreit zwischen Gott und Gott die einzige Form, der Anfechtung konkret standzuhalten; dies eröffnet dann auch eine Aussicht darauf, daß die Anfechtung in der eigenen Erfahrung überwunden wird. Ja, man wird sagen müssen: Ohne die Überwindung der Anfechtung ist der Glaube noch gar nicht er selbst, weil noch nicht auf seinen Grund gegründet. Erst dann, wenn man den Grund der Erwählung – also des evidenten, nicht selbst erzeugten Einleuchtens der Gegenwart Gottes als letzte Vergewisserung im eigenen Leben – nirgend anders als in Gott sucht, hat der Glaube seinen endgültigen Halt gefunden. Immer wieder muß sich die offenbare gegen die verborgene Verborgenheit durchsetzen. Daher bleibt es nicht aus, daß auch für das Bestehen des Glaubens diese Erfahrung der Anfechtung, wahrscheinlich unterschiedlich stark im gefühlsmäßigen Empfinden präsent, immer wieder eine Rolle spielt. Zugespitzt könnte man sagen: Der Glaube ist das Sichverlassen darauf, daß Gottes Sein »für uns« kein einmalig errungener und von nun an feststehender Sachverhalt ist, sondern ein sich fortwährend neu ereignendes Geschehen, in dem Gott dazu steht, wie er sich in der Geschichte Jesu erschlossen hat. So betrachtet, führt die Frage nach der eigenen Erwählung gerade nicht zu einer Verunsicherung des Glaubens, sondern dient dessen endgültiger Bewährung. Luther drückt diesen Sachverhalt so aus:

»Man muß Gott in seiner Majestät und in seinem Wesen [sc. seiner uns verborgenen Verborgenheit] lassen; denn so haben wir nichts mit ihm zu schaffen, auch hat er nicht gewollt, daß wir so mit ihm zu schaffen haben sollen. Aber, soweit er sich durch das Wort, durch das er sich uns anbietet, umkleidet und bekannt gemacht hat, haben wir mit ihm zu schaffen. [...] Nun aber müssen wir das Wort anschauen und jenen unerforschlichen Willen stehenlassen; wir müssen uns nämlich ganz und gar nach dem Wort und nicht nach jenem unerforschlichen Willen richten.« [25]

Eine zweite Ebene der Anfechtung, mit der in Frage gestellt ist, ob ich mich Gott schlechterdings anvertrauen kann, baut sich angesichts der Erfahrung auf, daß es *Menschen* um mich herum und in der Geschichte gibt, *die nicht glauben*, sondern sich womöglich als Ungläubige, Gottlose artikulieren. Gibt es also Grenzen der göttlichen Erwählung? Wo verlaufen diese? Und ist nicht ein Gott, der derart erwählt und verwirft, ein absoluter Willkürherrscher, dem sich anzuvertrauen auf keinen Fall geraten sein kann? Doch bei diesen Fragen ist eine generelle Beschränkung einzuhalten; sie liegt darin, daß wir uns nicht selbst an die Stelle eines solchen scheinbar willkürlichen Gottes setzen und dessen

Urteile einsehen können. Für diese Fälle gilt: Quae supra nos, nihil ad nos – was über unsere Urteilskompetenz reicht, geht uns nichts an, wie Luther, ein Sokratisches Diktum aufnehmend, meint.[26] Behalten wir also, wie es nach der oben gegebenen Entfaltung der Gedanke des Glaubens fordert, unsere menschliche Perspektive bei, dann fällt die Argumentation anders aus. Einmal nämlich muß ich mich als Christ fragen, ob denn die Wirklichkeit des Glaubens in *meinem* Leben überzeugend zum Ausdruck gelangt. Vielleicht liegt es ja an der mangelnden Durchdringung meiner eigenen Lebensvollzüge, daß andere nicht glauben – so daß die Frage der Existenz von Nichtglaubenden eine vorübergehende ist. Wenn man das annehmen kann und muß, weil ja die Bezeugung der Gegenwart Gottes in der Welt selbst geschichtlich verläuft, wie ich am Zustandekommen des eigenen Glaubens sehen kann, dann ist das Gebet der adäquate Umgang mit der Erfahrung der Anfechtung durch temporären Unglauben: daß Gott sich selbst durch mich – und andere Menschen – den nicht Glaubenden evident mache.

Davon zu unterscheiden ist die Frage nach einem möglichen bleibenden Unglauben. Auch diese kann nur aus unserer menschlichen Glaubensperspektive beantwortet werden. Und dann gilt, daß ein solcher Eindruck bleibender »Verstockung« einerseits auf die Kontingenz der Erwählung verweist; wenn es ungeschuldete, freie Erwählung gibt, dann gehört zum Begriff, daß solche Freiheit möglicherweise Grenzen hat. Weil wir aber als Menschen nicht über eine objektive Einsicht in solche eventuellen Grenzen verfügen, können wir, andererseits, nur nach dem funktionalen Sinn des Eindrucks permanenter Verstockung fragen; und der besteht darin, angesichts möglicher Grenzen der Erwählung der Ungeschuldetheit des eigenen Glaubens innezuwerden. Das Verhältnis Gottes zu den uns ungläubig Erscheinenden ist unserer Außenbetrachtung jedenfalls prinzipiell verschlossen.

Luther erörtert diese Frage in seiner Debatte mit Erasmus anhand der biblischen Figur des Pharao, der die Israeliten nicht aus Ägypten fortziehen lassen will (2. Mose 1-15), und anhand der Zwillinge Jakob und Esau (1. Mose 25-27). Allerdings scheint er in seinen Ausführungen dazu bisweilen auch von einer göttlich-objektiven Sichtweise Gebrauch zu machen; dies kommt durch ein solches Verständnis der Bibel als Gottes Wort zustande, das über den Pharao und die beiden Söhne Isaaks als Gestalten der – biblischen – Geschichte definitive Auskunft zu geben verspricht. Daneben aber stehen klare Einsichten in die Begrenztheit des menschlichen Urteils aus der Perspektive des Glaubens.

»Darauf kommt es dem Mose eher an, daß er nicht so sehr die Bosheit des Pharao predigt wie die Wahrheit und Barmherzigkeit Gottes, damit nämlich die Kinder Israel nicht den Verheißungen Gottes mißtrauen, wo er verheißen hat, er würde sie befreien.« [27]

Die Ausgangserfahrung, die die dritte Ebene der Anfechtung erschließt, besteht im Eindruck der abgründigen *Macht des Bösen*. Gerade demjenigen Menschen, der sich als für den Glauben gewonnen versteht, wird der eigentümliche Umstand, daß er an sich selbst mangelnde Beständigkeit kennt, zum Quell der Unruhe. Dabei ist es insbesondere das Gefühl, daß hinter der eigenen Unbeständigkeit eine dem Einfluß des Willens entzogene, ihn überwältigende und verführende Macht am Werk ist. Damit wird die Irritation, die sich durch die Wahrnehmung des Bösen in der Welt und durch den Anschein der Kraftlosigkeit des Guten ihm gegenüber ohnehin schon ergibt, noch einmal verschärft. Denn wie verhält sich Gott, der doch das Böse bekämpft, indem er Menschen zum Glauben bewegt, zum Bösen selbst? Das ist – und zwar: aus der Perspektive des christlichen Glaubens selbst – die Frage, die in der Neuzeit unter dem Namen »Theodizee« breite Aufmerksamkeit gefunden hat. Aus der Überzeugung, daß Gott selbst sich als glaubwürdig darstellt und insofern den Glauben wirkt, erwächst das Zutrauen zu ihm, daß er alles zu wirken imstande ist. Wie kann denn das Böse überhaupt wirksam sein? Entweder ist Gott gegenüber dem Bösen machtlos bzw. nur begrenzt mächtig – was auf dasselbe hinausläuft, oder er scheint das Böse mit zu verursachen.

Auch hier gibt es die Möglichkeit, sich von Gott angesichts der Anfechtung, die bereits aus dieser Alternative resultiert, abzuwenden; die Möglichkeit, die Anklage umzukehren und den Gott, der Böses wirkt oder zuläßt, seinerseits vor das Tribunal der Vernunft zu ziehen. Nun muß man freilich gegenüber dieser Lösung insofern skeptisch sein, als dann die Vernunft selbst mit dem Problem behaftet wird, einen befriedigenden Umgang mit dem Bösen bieten zu müssen. Da sich aber alle Schwierigkeiten auf der Basis der Vernunft nur wiederholen, kann auch der Umgang mit der Theodizeefrage, den Luther nahelegt, ernsthaft erwogen werden. Luther hält nämlich um der Gewißheit des Glaubens willen daran fest, daß Gott alles wirkt: »wie wirst du gewiß und sicher sein, wenn du nicht weißt, daß jener gewiß, unfehlbar, unveränderlich und notwendigerweise weiß, will und tun wird, was er verheißt?«[28]

Auch für diesen Aspekt des Themas wird also die Perspektive des Glaubens eingenommen – das Bewußtsein, daß sich Gott in seiner offenbaren Verborgenheit dem Menschen ganz geöffnet hat. Gerade dieses Bewußtsein des Glaubens aber weiß darum, daß es selbst aus der Vergangenheit des Unglaubens herkommt; die Frage einer Zulassung des Bösen durch Gott stellt sich daher gar nicht abstrakt, sondern wiederum nur so, daß die eigene Lebensgeschichte mit Blick darauf befragt und gedeutet wird, daß eine Überwindung des Bösen in diesem Falle stattfand. Die mögliche Antwort lautet: Eben dieser Übergang aus der Verschlossenheit in sich selbst, aus der Sünde, die sich am Bösen erfreut, zur Gerechtigkeit der Übereinstimmung mit Gott macht den

Glauben als Rettung fühlbar und erfahrbar. Der Sinn des Bösen besteht, so gesehen, in seiner Überwindung.

Nun wirkt Böses aber immer noch. Also muß man sagen: Soweit es wirkt, muß es auf Gott zurückgehen. Einmal darum, weil gar nichts ohne Gottes Wirken wirksam sein kann. Denn es hieße, so argumentiert Luther, für Gott, daß er auf sein Gottsein Verzicht leistete, wenn er angesichts des Bösen sein Wirken überhaupt einstellte oder einschränken ließe. Gott muß also auch für das Böse verantwortlich gemacht werden; freilich nicht im Sinn eines willentlichen Bewirkens nach dem Muster eines absoluten Potentaten, der Gutes und Böses aus seiner unumschränkten Herrscherwillkür tut, sondern in der Weise, daß Gott das Böse gleichsam unwillentlich wirkt: es also geschehen läßt und dem Geschehenden seine Kraft nicht entzieht – nicht aber, indem er willentlich dieses oder jenes bestimmte Böse zu Werke brächte. Willentlich, also in Übereinstimmung von Sein und Handeln, wirkt Gott nur das Gute; und nur darin gibt er sich, wie es im Glauben zu merken war, selbst zu erkennen. Das Wirken des Bösen, so könnte man auch sagen, ist seinsmäßiges Wirken; das Wirken des Guten folgt der Einheit von Sein und Wollen. Dieses doppelte Wirken Gottes nennt Luther Gottes fremdes Werk (opus alienum) und Gottes eigenes Werk (opus proprium). Es muß zusammen ausgesagt werden, damit die Gewißheit des Glaubens auch auf dieser letzten Stufe als bewährt gedacht werden kann. Die Aussage dieses doppelten Wirkens Gottes ist freilich auch auf dieser Ebene nur im erlebnismäßigen Modus der Anfechtung aufrechtzuerhalten; die objektiv-theoretisch klingenden Sätze religiöser Sprache, von denen hier Gebrauch gemacht wird, dienen der Untermauerung der Glaubensgerechtigkeit und ihrer letzten Gewißheit; das unterscheidet sie von metaphysischen Axiomen.

»Hier siehst du, daß, wenn Gott in den Bösen und durch die

Bösen wirkt, zwar Böses geschieht, Gott aber dennoch nicht böse handeln kann, wenn er Böses durch Böse wirkt; [...] Gott kann seine Allmacht nicht aufgeben mit Rücksicht auf den Abfall jenes [Gottlosen], der Gottlose aber kann seinen Abfall nicht ändern.«[29]

In diesem Gedanken Luthers liegt jedoch noch eine Folgerung, die er selbst nicht ausgesprochen hat. Nach Luthers Auffassung verhält es sich so, daß Gott selbst nur in der Form eines eigentümlichen Gegensatzes zum Bösen als der letzten Instanz des Antigöttlichen Gott ist. Man darf daher im christlichen Glauben von Gott gar nicht im Sinne einer letzten Gegebenheit, einer absoluten Positivität reden. Gott ist Gott nur im Gegensatz: Er setzt sich selbst diesem Gegensatz aus. Nicht zum dialektischen Spiel oder weil er selbst in sich gespalten wäre. Sondern deshalb, weil er sein ganzes Sein restlos einsetzt, um den Menschen als Gegenüber für sich zu gewinnen, und zwar denjenigen Menschen, der noch die äußerste Entfernung zu ihm eingenommen hat, der also der Macht des Bösen anheimgefallen ist. Damit haben wir in der Tat den tiefsten Sinn des »Für-uns« Gottes erreicht. Gott ist so »Für uns«, daß er noch in der höchsten Weise seines »Für-sich-Seins« auf den Gegensatz bezogen ist, den er im Menschen überwindet, welchen er für sich gewinnt, indem er ihn zum Glauben bringt. Gott selbst, so versteht ihn der Glaube, existiert beständig, mit seinem ganzen Sein, im Kampf um den Menschen. Die Prädestinationslehre hat darum einen strengen Bezug auf den Menschen und sein Geschick. Alle jene Aussagen, die einer fremden Welt angehörig klingen, dienen allein dem Zweck, die Gewißheit des Glaubens von der unmittelbaren und evidenten Präsenz Gottes im Menschen als dem letzten Grund seines Lebens bis in die äußersten Konsequenzen, das Reden über Gott selbst, hinein zu verfolgen. Es zeigt sich dabei, daß Gott als immer tätig gedacht werden muß; und das eine Ziel seiner Tätigkeit ist der

Glaube des Menschen, in dem dieser an Gottes eigenem Leben Anteil gewinnt. Das bedeutet aber zugleich: Gott ist mit seinem ganzen Wesen in der einzelnen kontingenten Menschenexistenz gegenwärtig. Gottes Wesen selbst entzieht sich damit der Alternative von Kontingenz und Notwendigkeit: Er ist kontingent und notwendig im gleichen Sinne. Die Unterscheidung zwischen dem in seiner Offenbarung verborgenen und dem in seiner Verborgenheit verborgenen Gott ist keine äußerliche, konstatierende Feststellung. Sie besitzt ein klares Gefälle, in dem die Einheit von Kontingenz und Notwendigkeit sich in das einzelne Menschenleben hinein übersetzt. Auch die spekulativsten Sätze Luthers in seiner Prädestinationslehre haben einen Sinn, der streng auf die Erfassung des Menschenlebens vor Gott und seine Gewißheit in Gott zielt.

7. Personsein und Handeln

Glaubensgerechtigkeit als Selbstunterscheidung

Im Glauben gerecht sein heißt, das eigene Leben so zu führen, daß um Gottes Gegenwart in ihm gewußt wird. Darin liegen, auf die Anthropologie gesehen, zwei Konsequenzen. Einmal, daß ein Unterschied entsteht zwischen einem Leben, das ohne den Glauben geführt wird, und derjenigen Weise des Existierens, in der sich ein Mensch ganz auf Gott verläßt; und beide Existenzformen unterscheiden sich wie Ungerechtigkeit und Gerechtigkeit. Zum anderen folgt, daß der Glaube sich stets als Lebensführung darstellt; mit einer bloß abstrakten Innerlichkeit hat es nicht sein Bewenden, und der manchmal geäußerte Vorwurf in diese Richtung geht in die Irre. Nun hängen aber beide Aspekte insofern zusammen, als durch die Umstellung oder den Übergang von Ungerechtigkeit zu Gerechtigkeit auch die empirische Lebensführung als Einheit von intentionaler Bestimmung des Handelns und faktischem Handlungserfolg sich ändert. Und zwar in dem Sinne, daß durch den Glauben – als Glaubensgerechtigkeit – das menschliche Leben selbst seiner eigenen Struktur adäquater gelebt wird. Die Anthropologie Luthers besitzt, so betrachtet, einen Mehrwert für das Selbstverständnis menschlichen Lebens. Dieser soll im folgenden ausgewiesen werden.

Was ist der Mensch?

Zur Klärung dieser Frage sei zunächst eine knappe Phänomenologie des Menschlichen skizziert, die den anthropologischen Bezugspunkt des Glaubens klarmacht.

Stellt man die Frage »Was ist der Mensch?«, dann nimmt man durch diese Frage eine Unterscheidung vor zwischen dem faktischen Dasein, das als solches bestimmungsbedürftig ist, und dem Wesen des Menschen, das eben in der Antwort auf das »Was?« ausgesagt wird. Wie diese Antwort inhaltlich aussieht, kann dabei noch offengelassen werden. Nun soll aber das so bestimmte Wesen des Menschen sich gerade dadurch auszeichnen, daß es am Ort des Daseins des Menschen selbst vorliegt; beim wahren Wesen, das in der Antwort auf die Was-Frage zu benennen beansprucht wird, soll es sich ja gerade nicht um eine phantastische Illusion handeln. Daher kann man sagen, daß die Differenz von Dasein und Wesen – oder wie immer die Äquivalente dazu lauten mögen – durch die Reflexion auf den Zusammenhang beider auch wieder aufgehoben ist; jedenfalls in der theoretischen Dimension dieses Sachverhalts.

Es macht die Lage freilich nun erheblich komplizierter, daß diese theoretische Zurücknahme der Differenz keineswegs ausreicht. Denn auch wenn das Wesen am Ort des Daseins nicht völlig fehlen kann, so ist doch das Dasein noch längst nicht wesenskonform. Ja, daß die Frage nach dem Unterschied von Dasein und Wesen überhaupt gestellt werden kann und muß, das zeigt die bleibende Nichtübereinstimmung an. Das Dasein muß sich daher zum Wesen entwickeln oder gestalten. Die theoretische Unterscheidung zwischen Dasein und Wesen spiegelt sich also in der praktischen von Sein und Sollen. Indem die Beziehung zwischen den unterschiedenen Seiten menschlichen Lebens in der Form einer Frage thematisch wird, scheint die praktische Differenz von der Art zu sein, daß sie durch Selbstbestimmung verringert oder aufgehoben wird. Die Frage »Was ist der Mensch?« führt somit auf die Einsicht in die Bestimmungsbedürftigkeit menschlichen Lebens. Und auch diese Struktur gilt noch ganz unabhängig von der jeweiligen inhaltlichen Ausführung der Antwort.

Die klassische ontologische Ausdrucksweise für die durch die Was-Frage angesprochene Differenz im Menschen ist der anthropologische Dual von Leib und Seele in der auf Aristoteles zurückgehenden Formulierung: animal rationale.[30] In der Frage, wie mit dieser Differenz im Menschlichen umzugehen ist, tritt nun ein interessanter Antagonismus auf, und auf diesen bezieht sich die Erörterung des Glaubens als anthropologisches Phänomen. Der Prüfstein für den Umgang mit der Binnendifferenz, die den Menschen ausmacht, ist die Ethik, also die Lehre über oder Besinnung auf die Orientierung und Bestimmung des wesensgemäßen Handelns. Hier zeigt sich in der philosophischen Tradition der folgende Gegensatz:

Auf der einen Seite wird gesagt: Die genannte Differenz im Menschlichen, die ja nicht geleugnet werden kann, dient, streng betrachtet, der Entfaltung der natürlichen Anlage des Menschen. »Geist« ist, anders gesagt, ein evolutionärer Schachzug der menschlichen Gattungsnatur zur Selbsterhaltung und Selbstdurchsetzung. Daraus resultiert eine Ethik, die auf die Entfaltung der natürlichen Potentiale des Menschen zielt, eine Ethik kluger Nützlichkeit. In ihrem Rahmen gilt es einerseits, die schädlichen Folgen einer strengen Dualisierung des Menschlichen zu bekämpfen; denn es geht ja, dieser Auffassung zufolge, nicht um die Verwirklichung geistiger Werte, sondern um den Einsatz geistiger Fähigkeiten zur Steigerung des Lebens. Zu diesem Zweck muß darum, andererseits, ein besonnener, aber auch durchsetzungsfähiger Wille ausgebildet werden, der das Leben im Kontext der natürlichen Welt gelingen läßt. Das Problem dieser Position liegt auf der Hand. Es entsteht daraus, daß das Natürliche in den Rang des Maßgeblichen erhoben wird. Diese Erhebung zum Maßstab ist aber selbst gerade kein »natürlicher« Vorgang. Die Folge ist, daß von einer Unterscheidung Gebrauch gemacht wird, die gerade als – maßstabsetzende! – Unterscheidung im selben Moment zurückgenommen werden soll. Es ist daher in der Regel auch nicht ausgeblieben, daß ein Symbol ausgebildet wurde, das diese »unechte« Differenz in sich wieder zurückgenommen hat, etwa »die Natur« oder »die Evolution« – erkennbarerweise handelt es sich dabei um Mythologeme, die sich selbst der Produktion eines Bewußtseins verdanken, das sich seine eigene produktive Tätigkeit, Maßstäbe zu setzen, verbergen möchte.

Auf der anderen Seite wird um die tiefgreifende Differenz gewußt. Ja, es ist gerade die Bewegung der Selbstunterscheidung von sich als Naturwesen, die die Maßstäblichkeit der Bestimmung von Handlungen ausmacht. Nur die reine Selbstverantwortung als geistiges Wesen – im Zusammenhang der jedenfalls vorgestellten Einheit geistiger Wesen – vermag die Verbindlichkeit aufzubauen, die dem wahren Menschsein entspricht. Das ist das Modell einer Ethik der unbedingten Pflicht. Sie lehrt, den Einfluß der körpervermittelten Begierden als zügellose Naturverhaftetheit des Menschen in Schach zu halten; und sie verlangt, die Vernunft ins leibliche Leben handelnd einzubilden. Auch hier liegen die Schwierigkeiten auf der Hand. Gerade die Absicht, die im Menschen liegende Differenz bearbeiten, ja zum Verschwinden bringen zu wollen, befestigt den Unterschied als einen unaufhebbaren. Die Ethik der reinen Sittlichkeit entspricht dem Bedürfnis nach verantworteter Steuerung der humanen Zwiespältigkeit wesentlich besser als der Naturalismus der Nützlichkeit; sie bleibt aber auch ohne jede Aussicht auf Verwirklichung. Daher treten hier symbolische Begriffe auf, die über das tatsächliche Nichtgelingen der angestrebten Einheit hinwegtäuschen sollen; dabei handelt es sich vor allem um teleologische Symbole wie »Fortschritt der Sittlichkeit« oder »Humanisierung des Menschengeschlechts« oder um einen postulierten Gottesbegriff wie bei Immanuel Kant.

Der Blick auf diese beiden einander ausschließenden ethischen Modelle zeigt nun, daß sich die beschriebene anthropologische Grunddifferenz nicht nur überhaupt, sondern auch in der Weise ihrer Bearbeitung als unschlichtbarer Antagonismus darstellt. Daraus resultiert die Einsicht, daß die in der humanen Doppelbestimmung angelegte Differenz sich nicht durch menschliches Bemühen aufheben, ja nicht einmal zu einem befriedigenden Ausgleich bringen läßt. Und dies auch darum nicht, weil die Optionen, mit der internen Differenz umzugehen, selbst gegenläufig ausfallen und miteinander in Widerstreit liegen. In der faktischen Lebensführung verbinden wir die widersprüchlichen Konzeptionen auf inkonsequente Art und Weise; das spricht für unser implizites Wissen, daß wir ihnen im Entscheidenden nicht trauen können, aber trotzdem leben wollen. Es spricht auch dafür, daß das menschliche Leben erhalten wird, sogar dann, wenn es sich selbst nicht vollends durchsichtig ist.

Auf diese Sachverhalte nimmt die reformatorische Anthropologie Luthers Bezug, sowohl auf die prinzipielle, immanent antagonistische Struktur des menschlichen Lebens als auch auf die faktische, inkonsequente, darin aber »überethische« Führung menschlichen Lebens. Luther tut das in den Thesen der *Disputation über den Menschen*, indem er auf die tatsächliche Steuerungsunfähigkeit der Vernunft und auch auf die unmögliche Verwirklichung der Natur hinweist (Thesen 4-17).

Der Mensch im Glauben

Der Grundakt der theologischen Anthropologie Luthers besteht darin, die in der traditionellen philosophischen Definition vom Menschen enthaltene Phänomenologie ins Licht des Gottesgedankens zu stellen. Damit wird eine im Verhältnis zur innermenschlichen Unterschiedenheit ursprünglichere Differenzierung vorgenommen. So gewiß die Unterscheidung von Leib und Seele, »animal« und »ratio« für die Selbstbeschreibung des Menschen zutrifft, so wenig ist sie ausreichend, und zwar deshalb nicht, weil sie nicht tief genug ansetzt. Erst das Gegenüber von Gott und Mensch stellt eine Differenz dar, die wirklich durchgreifend ist, weil sie von ursprünglicher Wechselwirkung unberührt ist. Zugleich ist es aber auch die einzige Unterscheidung, die dazu verhilft, mit der humanen Binnenunterscheidung so umzugehen, daß diese zugleich erhalten bleibt und ihre für das menschliche Leben schädlichen Konsequenzen abgewendet werden. Der Glaube als Gottesbeziehung im Sinne der Glaubensgerechtigkeit kann als eine gelungene Realisierung des Menschlichen gelten. Diese These wird im folgenden erläutert.

Die erste Einsicht, die aus dem neuen Gegenüber Gottes zum Menschen resultiert, lautet: Gott vertieft die menschliche Differenz von Leib und Seele. Damit zeigt sich Luthers Gedanke als anders angelegt als Kants Gottesidee; denn dieser hat das vernunftnotwendige Postulat der Existenz Gottes gerade darum entwickelt, um die erst im Unendlichen gelingende Realisierung der ethischen Pflicht denken zu können. Dementsprechend ist Kants Gottesgedanke aber, umgekehrt betrachtet, noch immer negativ von der innermenschlichen Zwiespältigkeit betroffen, der er sich verdankt. Das ist nach Luthers Verständnis anders. Luther stellt Gott als ursprüngliches, also der Leib-Seele-Unterscheidung vorangehendes Gegenüber des in sich differenzierten

Menschen vor. Damit ist zweierlei gesagt. Einmal gilt, daß Gott gedacht wird als nicht nur auf die Seele, sondern auch auf den Leib des Menschen bezogen; Gott ist also als Schöpfer im umfassenden Sinne zu verstehen. Zweitens muß der innermenschliche Konflikt von Leib und Seele bzw. zwischen den ethischen Alternativen nun im Lichte des von Gott konstituierten menschlichen Doppelwesens gedacht werden; bereits daraus ergibt sich, daß die menschliche Unterschiedenheit dem Sinne nach dazu bestimmt ist, als Unterschied in Übereinstimmung gelebt zu werden. Diese Überlegung führt auf den theologischen Begriff der Sünde: Was sich als anthropologisches Phänomen des Übels darstellt – nämlich die Nichtintegrierbarkeit der menschlichen Existenzanteile in einem zusammenstimmenden Existenzvollzug –, wird theologisch als Sünde, als Konsequenz des Abbruchs der konstitutiven Gottesbeziehung verstanden.

Nun ist es für Luther keine Frage, wo man Gott als diesem Gegenüber begegnet: in der Bibel. Damit werden, wie schon einmal gesagt, unterschiedliche Schichten von Kontingenz übereinandergeblendet, die sich unterscheiden, aber auch wieder zusammensetzen lassen. Geht man vom modernen historischen Verständnis aus, dann kann man sagen: In der Bibel – und zwar: bereits im Alten Testament – stößt man auf die religiöse Rede von Gott als Schöpfer und vom Menschen als Sünder; das ist eine geschichtliche Kontingenz. Diese gewissermaßen religionsgeschichtlichen Deutungen des Menschseins können nun aber in die eigene Selbstdeutung integriert werden; und zwar, wenn wirklich die Vorstellungen »Geschöpf« und »Sünde« aufgenommen werden sollen, dann nicht auf dem Wege einer Ergänzung oder Erweiterung schon bestehender Selbstdeutungen, sondern immer nur als deren Voraussetzung. Daher kommt es, daß das Sicheinstellen auf das Selbstverständnis als Geschöpf bzw. als Sünder – worunter nur der oben dargelegte Gehalt zu begreifen ist – auch im eigenen Erleben mit dem Charakter nicht selbst erzeugter Evidenz versehen ist; in diesem gewissermaßen vorwillentlichen Einleuchten kommt eine prinzipielle Kontingenz zu Bewußtsein. Um nun wieder synthetisch den Rückweg zu Luthers unmittelbarer Überzeugung zu finden, ließe sich formulieren: Wo sich die biblische Deutung des Menschen als Geschöpf und Sünder als schlechterdings zutreffend einstellt, ist dieses Bewußtsein als Ausdruck des Gegenübers zu Gott selbst zu denken.

Ist aber dieser Gedanke einmal gefaßt, dann laden sich die Gebote der Bibel, in denen Gottes Wille gegenüber den Menschen ausgesprochen ist, für das eigene Erleben mit einem unendlichen Gewicht auf. Denn es geht in ihnen nicht mehr um eine Anweisung zum seligen Leben vor Gott, sondern – auf der reflektierten Erfahrungsbasis der ethischen Antinomie – um eine in besonderen Geboten verlaufende prinzipielle Feststellung der humanen Unfähigkeit zur Realisierung gültigen eigenen Lebens. Jedes Einzelgebot wird daher zum Indikator des Nichtgelingens.

Das göttliche Gebot in der Bibel nimmt den Menschen in seiner bestimmungsbedürftigen inneren Duplizität ernst. Es verlangt, im Medium religiöser – und ethischer – Vorstellungen, eine Übereinstimmung der unterschiedlichen Anteile menschlichen Lebens vorzunehmen. Als Indikator der Sünde freilich vertieft die göttliche Forderung des Gesetzes nur die Unfähigkeit, ihm Genüge zu tun. Dafür steht, im religiösen Kontext, die göttliche Herkunft der Gebote ein. Sie sind, und das ist auch religionsgeschichtlich dem alten Israel mehr und mehr deutlich geworden, nicht zu erfüllen. Daher treten religiöse Kompensationen ins Mittel, vor allem wird der – viel ältere – Opferkult nun in den Dienst dieser unlösbaren ethischen Antinomie gestellt. Wo um die kultische Kompensation nicht mehr gewußt oder ihr nicht mehr getraut wird, da zerreißt die radikale göttliche Forderung den Menschen in seine zwei Bestandteile: Verzweiflung muß, bei

Luther, in diesem Sinne verstanden werden; die depressive Ausdrucksform dieses Bewußtseins der Verzweiflung ist nur ihre Erscheinungsseite.

Allerdings tut sich mit dem Verständnis der göttlichen Gebote als Merkzeichen für die unergründliche Tiefe der Sünde eine Deutung auf, die über die einzelnen Erfahrungen des Scheiterns hinausreicht. Denn es wird erkennbar, daß das jeweilige Mißlingen nicht auf einzelnes Versagen zurückgeht, sondern auf die grundsätzliche Fehlbestimmtheit des Verhältnisses zu Gott. Der Sinn »des Gesetzes« besteht überhaupt darin, Indikator »der Sünde« zu sein. Damit eröffnet sich aber auch der Blick über die Sünde hinaus; wenn auch als noch nicht reale Aussicht. Denn exakt und nur dann, wenn das Gottesverhältnis restituiert wäre – was durch gesetzesförmiges Handeln gar nicht zu erreichen ist –, käme es zu einem Umgang mit der inneren humanen Differenz, die *in* ihr zu leben erlaubte. Das ist der anthropologische Ort des Glaubens.

Wie ist nun aber der Ausfall oder die Fehlbestimmung des Gottesverhältnisses im Verhältnis zur innermenschlichen Duplizität zu denken? Unstrittig ist, daß der Mensch ein Wesen ist, das sich selbst im Leben bestimmen muß. Nun besteht eine prinzipielle Alternative zwischen allen jenen Formen der Selbstbestimmung, die sich innerhalb der menschlichen Zwiegespaltenheit aufzubauen versuchen, und einer solchen Selbstbestimmung, die von anderswoher auf diese Doppelheit zuzugehen imstande ist. »Sünde« heißt danach, anthropologisch gesehen, die Vornahme von Selbstbestimmung aus dem inneren Horizont menschlichen Lebens heraus. Wenn aber diese Art von Selbstbestimmung immer schon vorgenommen wurde – und die oben skizzierte Phänomenologie spricht für diese Annahme –, dann muß der erste Akt einer Neubestimmung im Verzicht auf das Vornehmen dieser Art von Selbstbestimmung und folglich zunächst von Selbstbestimmung überhaupt liegen. Der Ort des Glaubens ist, so verstanden, aufgegebene Selbstbestimmung in einem doppelten Sinne. Aufgegeben in dem Sinne, daß der Glaube an die Stelle rückt, die für die Bestimmung und Führung des leiblichen Lebens zuständig ist; Glaube ist Wahrnehmung der Verantwortungsbedürftigkeit. Aufgegeben aber auch in dem Verständnis, daß auf die eigengesetzte Wahrnehmung und den selbstmächtigen Vollzug dieser Selbstbestimmung verzichtet wird. »Passive Gerechtigkeit« (vgl. S. 62) besteht zuerst genau darin, auf diese selbstmaßstäbliche Selbstbestimmung zu verzichten – nicht: überhaupt auf Selbstbestimmung Verzicht zu tun. An diesen Ort gehören die vielfältigen Redeweisen Luthers vom Wirken*lassen* Gottes am Menschen.

Es ist gerade dieser Verzicht, das Nicht-Handeln, in dem bewußt wird, daß die menschliche Existenz gar nicht handelnd zu verwirklichen ist. Er schafft auch Platz für die aktive Seite des Glaubens, die Luther oft mit Metaphern der ästhetischen *Wahrnehmung* zum Ausdruck gebracht hat. Das »Bild Christi« etwa steht dann für die Gegenwart Gottes an dem Ort des Nicht-Handelns, für das Einleuchten göttlicher Gegenwart. Diese Versinnlichung ist der Weg, die eigentümliche Aktivitätsform eines »passiven Handelns« vorzustellen. In der Tat eignet sich dazu in besonderem Maße die ästhetische Erfahrung, die aufmerksam Eindrücke auf sich wirken läßt.

Im Bild Christi als des Repräsentanten der Einheit seiner Geschichte tritt nun aber vor das Bewußtsein, was wir als die Erfahrung des »Gott für uns« kennengelernt haben. Hier kommt anthropologisch alles zum Zuge, was in der Christologie unter dem Thema »Stellvertretung« als Weg zur Glaubensgerechtigkeit behandelt wurde. Es erwächst, an diesem Ort im Lebensvollzug des Menschen, das Wissen um die Einigkeit Gottes mit mir in der Form der – von ihm aus angebotenen – gegenseitigen Anerkennung. Der anthropologische Ertrag dieses Vorstellungszusammenhangs läßt sich etwa so zum Ausdruck bringen:

Der Glaube ist die Art und Weise, durch die an ihm teilhabende Beziehung zu Gott den Einheitsaspekt menschlichen Lebens von der Aufgabe der zu gestaltenden Differenz zu unterscheiden. Wovon das menschliche Leben lebt und worin es seinen Bestand als ein mit sich einiges hat, ist die Beziehung zu Gott. Sie ist als eine durch Gott selbst geschaffene, durch ihn aber auch – gegen den menschlichen Gegensatz – überwundene Differenz zu denken, die keiner Ergänzung oder Vervollständigung mehr bedarf. Im Verhältnis zu dieser Dimension der – gewordenen – Einheit menschlichen Lebens stellt seine innere Duplizität den Raum der Darstellung dieser Einheit bereit. Oder genauer gesagt: Das Feld bestimmungsbedürftigen menschlichen Lebens verwandelt sich vom antagonistischen Kampfplatz um Identität und Gelingen des Lebens überhaupt zum repräsentativen Schauplatz von verdankter Kontinuität und Integration unterschiedlicher Lebensanteile. Dies ist gemeint, wenn man von einer Konstitution des Menschen als Person durch und vor Gott spricht und von der aus dieser Konstitution folgenden Unterscheidung von Person und Werk.

Damit ist der entscheidende Differenzgesichtspunkt zur reinen Phänomenologie des Menschseins markiert, wie sie unter der Frage »Was ist der Mensch?« entfaltet wurde. Nur angemerkt sei an dieser Stelle der bedeutsame Umstand, daß diese Unterscheidung zwischen der Person und ihren Handlungen eine prägende Rolle für unser gegenwärtiges Verfassungs- und Rechtsverständnis spielt. Sowohl die nichtaberkennbaren Grundrechte wie auch die praktischen Maßstäbe im Strafrecht und im Strafvollzug spiegeln diese Unterscheidung wider. Insofern gilt, daß die religiöse Tradition des Christentums, in die freilich auch stoisch-naturrechtliche Vorstellungen eingeflossen sind, ein Abwehrrecht gegen staatliche Allzuständigkeit und gesellschaftlichen Totalitarismus darstellt.

Doch mit der Entwicklung dieser Unterscheidung von Person und Werk ist erst eine Seite abgehandelt. Die andere Seite ist die des Zusammenhangs von Person und Werk. Wie schon zu sehen war, tritt der Glaube nun mit in den Vorgang der – durch ihn ja nicht überflüssig gewordenen – menschlichen Selbstbestimmung als leibliches Wesen in der Welt ein. Der Glaube ist, so sagt Luther an einer Stelle im *Freiheitstraktat*, »Werkmeister« [31]. Dieser bisweilen im Protestantismus unterbelichteten Dimension sei abschließend die Aufmerksamkeit gewidmet. Erst durch sie wird die Anthropologie Luthers konkret erschlossen.

Glaubensgerechtigkeit befreit den Menschen aus der Befangenheit in seinen selbstgesetzten Zwecken und Zielen und ordnet ihn Gottes eigenem Leben für anderes, für die Welt, zu. Durch diesen Wechsel in der Bestimmtheit seiner selbst entsteht im Menschen das Bewußtsein seiner grundsätzlichen Nicht-Autarkie. Ja, die gesamte Welt kann nicht hinreichen, ihm zur Selbstgenügsamkeit, zum Ruhen in sich, zu verhelfen. Dieses Wissen wirkt sich auch im Handeln, im Umgang mit anderen Menschen in der gemeinsamen Welt aus. Denn, negativ betrachtet, muß das Handeln nicht mehr dem Zweck dienen, die Ganzheit eigenen Lebens herzustellen. In welche Konflikte wir geraten, wenn wir das doch tun wollen, läßt sich leicht einsehen; am Ende ist es nur die mit Gewalt bewehrte Rechtsordnung, die die Versuche, sich selbst handelnd zu verwirklichen, einigermaßen im Zaume hält, ohne doch ihr Gelingen gewährleisten zu können.

Sehr viel größeres Interesse verlangt aber gegenüber dieser negativen Einsicht die positive Bestimmung des Handelns. Diese ist geleitet von der Erkenntnis, daß menschliches Leben in doppeltem Sinne der Autarkie entbehrt: sowohl im Hinblick auf seine Herkunfts- und Zielbestimmung als auch in Beziehung auf seine weltlich-leibliche Existenzweise. Nun zeigt sich in der Neueinstellung des Glaubens auf Gott, daß die elementare Abhängigkeit des Menschen hinsichtlich seines Zieles der Lebensganzheit trotz der unverrückbaren Asymmetrie im Verhältnis von Gott und Mensch zu einer Gegenseitigkeit der Teilhabe transformiert wurde. Genau das ist das Muster für das Handeln im Kontext der Lebenswelt. Hier gibt es empirische Ungleichheiten, die nicht aufzuheben sind. Sie lassen sich aber so gestalten, daß die erkennbare Ungleichheit nicht zu einer Festigung von Abhängigkeit verhärtet wird, sondern statt dessen als eine Durchlässigkeit wechselseitigen Angewiesenseins aufgefaßt werden kann. Das ist gemeint, wenn Luther im *Freiheitstraktat* davon spricht, »daß alle Werke dem Nächsten zugute ausgerichtet sein sollen« [32].

Ein eindrückliches Beispiel, wie man sich diese Sinnrichtung christlichen Handelns vorstellen soll, gibt Luthers Auslegung der Zehn Gebote im *Kleinen Katechismus*. Insbesondere am vierten bis zehnten Gebot kann man sehen, wie elementare menschliche Ungleichheitsverhältnisse in gegenseitige Dienstverhältnisse verwandelt werden, wenn der Sinn der Gebote im Glauben erfaßt wird. In Betracht kommen die anthropologischen Grunddisjunktionen der Generationen (Eltern – Kinder), der Geschlechter (Mann – Frau), der individuellen Existenz (Leib – Seele) und der kollektiven Verfaßtheit des Lebens (welche Herrschaft zu organisieren verlangt). Das sei exemplarisch am fünften Gebot und seiner Auslegung gezeigt.

»Du sollst nicht töten.

Was ist das?

Wir sollen Gott fürchten und lieben, daß wir unserm Nächsten an seinem Leibe keinen Schaden tun, sondern ihm helfen und beistehen in allen Nöten.« [33]

Deutlich ist hier, daß es gerade der Glaube als Gottvertrauen ist, der die Rolle der Bestimmung des Handelns einnimmt; das zeigt die Wiederaufnahme von Gottesfurcht und Gottesliebe als Spannbreite des Vertrauens, wie wir es oben am ersten Gebot sa-

110

hen. Geht man davon aus, dann ist eben nicht nur negativ der Respekt vor der Integrität des leiblichen Lebens des anderen gefordert – schon darin zeigt sich übrigens eine zutreffende Erweiterung des Wortsinnes des Gebotes; leibliches Leben kann sich überhaupt nur so erhalten, daß dabei »Nöte« nicht ausgeschlossen sind. »Lebensnot« ist nicht die Ausnahme, sondern die Regel; sie liegt also nicht bloß im Falle desjenigen vor, der im Verhältnis zu mir gegenwärtig der Bedürftige ist; vielmehr finde ich mich gegenüber anderen meinerseits in der Rolle des Bedürftigen vor. Es entsteht aus diesem Modell eine Vernetzung von Handlungs- und Bedürfnissubjekten, deren gemeinsames Ziel die Erhaltung – und möglicherweise die gemeinsame Steigerung – leiblichen Lebens ist. Der tätige Glaube blickt auf eine solche Orientierung des Handelns, die diese regelmäßige Lebensnot wendet; und man wird gerade die hier angezeigte Regelmäßigkeit so weit verstehen müssen, daß auch die Organisation der materiellen Reproduktion menschlichen Lebens, also die Wirtschaft der Gesellschaft, inbegriffen ist. Die Erfüllung des Gebotes vollzieht sich demnach nicht in einzelnen Handlungen, sondern in der Ausbildung von Mustern des Handelns. Es werden nicht Fälle bestimmt, es wird eine Regel expliziert, nach der Fälle zu beurteilen sind. Die Gebote geben Handlungsformen vor, deren Umsetzung eine Frage der produktiven Phantasie und des gesellschaftlichen Konsenses ist. Dieser Struktur folgen auch die anderen Gebote in Luthers Auslegung; es sei dem eigenen Studium empfohlen, die Probe aufs Exempel zu machen.

Die Transformation von Asymmetrie in eine Gegenseitigkeit, die Anerkennung einschließt, aber nicht auf das abstrakte Ziel empirischer Gleichheit hinausläuft, ist das Modell des tätigen Glaubens oder der Liebe. Damit ist klargestellt, daß für Luther ein romantisch bestimmter Begriff von Liebe als Bereitwilligkeit des Gefühls oder als subjektives Zuneigungsempfinden keineswegs die Strukturen christlicher Ethik bereitzustellen in der Lage ist. Die Gestaltung von bleibender Differenz zum Zwecke der tieferen Verbundenheit miteinander: das ist hier mit Liebe gemeint. Es bedeutet auch für die aktuellen Debatten um Anerkennung als soziale Grundfunktion einen Präzisierungsfortschritt, wenn man sich die Vorgegebenheit und die Unaufhebbarkeit von struktureller Ungleichheit klarmacht, die in Gegenseitigkeit wahrzunehmen ist; darin ist als Moment der Gleich*berechtigung* die Anerkennung als Teilstück eingelassen.

Auch hier ist die Probe der Anwendung dem Leser überlassen. Etwa, was die Wirtschaft angeht. Wie ist die gegenwärtige Marktwirtschaft strukturell verfaßt? Was ist das Prinzip ihrer Selbststeigerung? Läßt sich ein (erfolgreiches) Wirtschaftssystem entwickeln, in dem das Moment der gemeinsamen Lebenssteigerung (»Fortschritt«) mit dem anderen Moment verbunden ist, Ungleichheit als Gegenseitigkeit tatsächlich wahrzunehmen und anerkennen zu können? – Oder, als anderes Exempel, das Recht. Wie ist Recht zu verstehen, wenn es dem Zweck der Aufnahme von Gegenseitigkeit dient – und also umgekehrt die Verweigerung von Gegenseitigkeit sanktionieren soll? Schließlich: die Familie. Welche Formen für das Zusammenleben von Mann und Frau, Eltern und Kindern sind zu suchen, damit Differenz und Gegenseitigkeit zugleich wahrgenommen werden können? Deutlich ist in allen diesen Fällen, daß sich aus der christlichen Anthropologie, wie sie sich von Luther aus entfalten läßt, keine ethischen Zwangsgesetze, sondern Denk- und Gestaltungsaufgaben ergeben, die mit Selbstbewußtsein und Verantwortungsgefühl, Phantasie und Kommunikation wahrzunehmen sind.

Dabei ist der Zusammenhang zwischen der Erfahrung des Glaubens und der Pflicht zum Handeln im Auge zu behalten; als ein Übergang zwischen und als Integration von unterschiedlichen Aspekten menschlichen Lebens, nämlich der Bestimmungsbedürftigkeit des Lebensziels durch Gott und der tatsächlichen Bestimmung des Lebensweges unter den Menschen. Die Gottesbeziehung des Glaubens wirkt sich in der humanen Grunddifferenz bestimmend aus. Das »Für-uns« Gottes wird zum »Für-einander« der Menschen. Luther beschreibt das am Ende des *Freiheitstraktates* so:

»Aus dem allen ergibt sich die Folgerung, daß ein Christenmensch nicht in sich selbst lebt, sondern in Christus und in seinem Nächsten; in Christus durch den Glauben, im Nächsten durch die Liebe. Durch den Glauben fährt er über sich in Gott, aus Gott fährt er wieder unter sich durch die Liebe und bleibt doch immer in Gott und göttlicher Liebe.«[34]

8. Sichtbare und verborgene Kirche

Die Wörtlichkeit des Glaubens

Glaubensgerechtigkeit vermittelt sich durch das Wort Gottes. Also durch Menschenworte, die mit letzter Vergewisserung ins Gewissen durchschlagen, weil sich durch sie der Mensch vor Gott gestellt sieht. Das Ziel des Wortes Gottes ist der Glaube; und der Glaube vereinzelt auf unüberbietbare Weise. Weil der Glaube aber allein durchs Wort Gottes ins Leben gerufen wird, ist er stets sozial verfaßt, sowohl was seine Entstehung als auch was seine Konsequenzen angeht. Aus dieser Überlegung geht klar hervor, daß Glaubensgerechtigkeit gar nicht in dem Sinne individualistisch verstanden werden kann, wie es der moderne Begriff vom auf sich selbst begrenzten Subjekt nahezulegen scheint. Insofern ist auch der katholische Standardvorwurf gegen Luther, hier setze sich eine haltlose Subjektivität gemeinschaftszerstörerisch in Szene, schlicht unzutreffend. Dieser Vorwurf hat jedoch darin seinen Hintergrund, daß sich der neue Typ kirchlicher Gemeinschaft, der sich aus dem Wort Gottes ergibt, gegen einen hergebrachten Typ frommer Vergemeinschaftung, wie er in der altgläubig-katholischen Kirche vorlag, zur Geltung bringen mußte. Das Wort Gottes ist kirchengründend, indem es sich kirchenkritisch auswirkt.

Der kirchenkritische Aspekt der reformatorischen Erkenntnis vom Wort Gottes läßt sich deutlich machen gegenüber dem Anspruch der katholischen Kirche, als Kirche die Vermittlungsinstanz des göttlichen Heils darzustellen. Dazu sei noch einmal auf den Streit um den Ablaß Bezug genommen, von dem die Kontroverse historisch ihren Ausgang nahm. Der Ablaß ist der Nachlaß der kirchlichen Bußstrafen, die ergänzend zur Wiedergutmachung der Sündenfolgen als Konsequenz der Lossprechung von der Sünde treten. Es ist die Kirche selbst in der Gestalt des geweihten Priesters, die sowohl die göttliche Absolution in der Beichte erteilt, also die grundsätzliche Reinigung des schuldigen Gewissens, als auch die erzieherischen Bußstrafen auferlegt, die sie als Hilfestellung zum Erwerb und zur Befestigung einer christlicheren Lebensführung versteht. Nun ist der kirchlich beauftragte Priester aber nicht nur Vermittler des befreienden Gotteswortes; er ist zugleich Teil der Kirche als des irdisch existierenden Leibes Christi, in den alle Christen zu allen Zeiten eingeschlossen sind. Und recht eigentlich gehören die Christen aller Zeiten gemeinsam vor Gott zusammen. Es gibt daher, durch den Priester vermittelt, also nicht nur die befreiende Konfrontation mit Gott, sondern zugleich auch die Inkorporation in den weltlich existierenden Leib Christi. In diesem findet insofern eine überindividuelle Solidarität statt, als es der gemeinsame, im Lebensvollzug geformte Glaube der Kirche ist, der das präzise Gegenüber zu Gott bildet. Daher kann es, wenn die Kirche diese Durchlässigkeit erlaubt, auch zu einem Ausgleich zwischen Verdiensten und Strafen kommen, die die mehr oder weniger stark Gläubigen sich erworben oder zugezogen haben. Den eigenen Unglauben im Glauben der Kirche zu bergen ist daher durchaus äquivalent mit der Vorstellung, die eigene Strafe durch die Verdienste der Heiligen zu kompensieren. Und genau diese Vorstellung steht hinter dem Ablaß: die kirchenamtliche Verrechnung eigener Bußstrafen mit den Verdiensten, die sich die untadelig lebenden bzw. durch ihren Tod als Märtyrer anerkannten Heiligen erworben haben – und die diese nicht für sich behalten wollen und brauchen.

Allerdings kommt dabei der eigentümliche Zwischencharakter ans Licht, der der Kirche nach diesem Verständnis eignet. Es ist nämlich nicht klar zu sehen, auf welcher Seite sie eigentlich steht. Einmal befindet sie sich, als Vermittlerin göttlichen Heils, auf Gottes Seite; sodann stellt sie, als heiliges Gottesvolk, das Gegenüber zu Gott dar. Sie ist selbst von gottmenschlichem Charakter. Das führt freilich zu Widersprüchen, sowohl was die Vergleichbarkeit – und Verwechselbarkeit – mit Christus selbst angeht als auch was die Funktion für die Gläubigen betrifft. Denn mit wem hat man es zu tun, wenn man es mit der Kirche zu tun hat? Mit der Gemeinschaft der Glaubenden – oder mit einem Stück göttlicher Wirklichkeit in der Welt? Der geistlich-leibliche Doppelcharakter der katholischen Kirche kann leicht zu einer Immunisierung Anlaß geben; es wird die Unvollkommenheit und Sündigkeit der Menschen bis in die höchsten Ränge der kirchlichen Hierarchie zugestanden – und es wird dennoch von der göttlichen Gewalt der anstaltlich verfaßten Kirche Gebrauch gemacht; beides soll in der Einheit einer geistlichen Körperschaft aufgehen. Dieses doppelte Verständnis der Kirche reicht auf den Grund zurück, daß sie zugleich Vermittlerin und Empfängerin der Gnade ist. Demgegenüber hat Luther die Kirche als Volk Gottes bestimmt, das Gottes Wort hört, dieses aber nicht vermittelt. Vielmehr vermittelt sich Gott selbst im Menschenwort, das dadurch keine Qualitätsveränderung erfährt. Das Volk Gottes ist geistliche Kommunikationsgemeinschaft von Menschen, die Gottes Wort hören. Die Kirche ist ausschließlich Geschöpf des Wortes Gottes; sie ist »creatura verbi«.

Die Kirche als Geschöpf des Wortes

Gott kommt unter den Menschen selbst zu Wort und weckt den Glauben. Dies kann als Grundformel zur Rekonstruktion des Kirchenverständnisses Luthers angesehen werden. Luther selbst hat das Wort »Kirche« nicht geliebt, weil es anstaltlich mißverstanden werden kann und die aktive, über den Glauben laufende Beteiligung der Menschen am Geschehen des Wortes Gottes verdunkelt.[35]

Die eigentümliche Medialität des Wortes Gottes als Kirche gründendes Ereignis läßt sich gut zeichentheoretisch rekonstruieren. Diese Verständnisweise hat zudem den Vorteil, daß sie wieder von dem ausgehen kann, was beobachtbar unter Menschen in bestimmten Sprachvollzügen geschieht.

Grundsätzlich gilt, daß es menschliches Sprechen und Hören als solche sind, in denen sich Gott Glauben weckend vergegenwärtigt. Dabei ist jede Vorstellung einer substantiellen Aufladung bestimmer Worte oder Ausdrücke, ein unmittelbar magisches Wortverständnis also, fernzuhalten. Sprachliches Handeln von Menschen läßt sich beschreiben als interaktive Symbolbildung. Im Gedanken der Symbolbildung ist impliziert, daß Bezeichnungen vorgenommen werden, die nicht nur der Versuch einer Festlegung von Sachverhalten sind, sondern die ihre Bezeichnungsabsicht nur erfüllen, indem sie für andere Subjekte anschlußfähig werden. Daher verweist die intentionale Seite des Symbolbegriffes, wie er hier gefaßt wird, bereits auf die kommunikativ-pragmatische Dimension des Austausches zum Zweck der Verständigung.

Mit diesem soweit nur grob umrissenen dreistelligen Zeichenmodell (Zeichen, Sachverhalt, Sprechergemeinschaft) läßt sich das Geschehen des Wortes Gottes in menschlicher Sprache erläutern. In dem symbolbildenden Sprechen wird in lautsprachlicher

Gestalt etwas ausgedrückt, was nicht unmittelbar, sondern eben nur im Symbol gemeint werden kann. Das symbolisch repräsentierte Gemeinte aber verlangt, durchs Hören verstanden zu werden. Hören also nimmt das gebildete Symbol als Symbol des Gemeinten wahr und erzielt so symbolvermitteltes Verstehen. Für diesen Zusammenhang ist konstitutiv, daß die symbolische Ebene überhaupt nicht eliminiert werden kann zugunsten eines irgendwie vorstellbaren unmittelbaren Zugangs zum Gemeinten. Die Bewegung eines doppelten Überschießens des Symbolischen – ins Gemeinte einerseits, ins Verstandene andererseits – ermöglicht nun aber sowohl das gemeinsame Weiterbilden der symbolischen Ausdrücke als auch eine symbolisch geleitete Lebenspraxis, die sich in der Bestimmung von Handlungen niederschlägt.

Das Wort Gottes ist, in diesem Modell gedacht, die extreme Erfüllung dieser Struktur. Denn indem Gott als Element dieser Symbolbildung auftaucht, wird auf die letzte Instanz zugegriffen, die gemeint werden kann; und damit wird zugleich auf die innerste Instanz referiert, die als symbolbildende zu verstehen in der Lage ist. Wo es also überhaupt zum Verstehen des Gemeinten kommt, ist mit Gottes Gegenwart zu rechnen; das wird dann – aber auch nur dann – gewußt, wenn man das Extrem der symbolischen Verständigung verstanden hat. Dabei gilt, daß das Eintreten des Verstehens kontingent bleibt; regelmäßig benutzt Luther an dieser Stelle die Rede vom Heiligen Geist, die besagen soll, daß auch die Erschließung Gottes selbst Gottes eigenes Werk ist. Die unerläßliche sprachliche Symbolbildung ist also das Medium, durch das sich Gottes Wort vergegenwärtigt. Es ist klar, daß es sich dabei um eine Analogie zu dem Verhältnis handelt, das in der Christologie als Verhältnis von Gott und Mensch grundgelegt wurde. Weil diese Symbolbildung aber der einzige Weg ist, Gottes inne zu werden, ist die Kirche als menschliche Kommunikationsgemeinschaft in Hören und Reden eo ipso mit dem Gedanken des Wortes Gottes mitgesetzt – aber als kategorial von ihm unterschieden. Das kommt darin zum Ausdruck, daß Luther die Kirche oder das Volk Gottes entscheidend über das Hören bestimmt hat [36]: Erst die gewonnene Einsicht in das symbolisch Gemeinte kann der Anfang eines fortgesetzten Prozesses symbolischer Verständigung sein; und auch in diesem ist die Aktivität des hörenden Verstehens der Schlüssel zu weiterer sprachlicher Betätigung. Diesem Gefälle entspricht, daß es das Wort der Bibel ist, in dem das Grundmuster des Wortes Gottes zum Zuge kommt: die anfängliche und ursprüngliche Einstellung auf den Gott, der in der Geschichte Jesu Christi sich selbst vergegenwärtigt. Das Volk Gottes, so könnte man zusammenfassend sagen, ist durch das eine Wort Gottes, Jesus Christus, nach Maßgabe der biblischen Schriften in der Weise gegenwärtigen Redens und Hörens durch Gott selbst für ihn gewonnen. Daß dieses Reden und Hören in der Form der Anrede auf die Verantwortungsbedürftigkeit des Lebens (als »Gesetz«) und in der Weise der Einladung zur Neueinstellung auf Gott (als »Evangelium«) geschieht, gehört zu den näheren Bestimmungen des Wortes Gottes. Der Aktualismus des Verstehens und die Kontinuität der Verständigung koexistieren im Volk Gottes als Kirche.

Gerade weil der Glaube in der Form sozialer Kommunikation existiert, bedarf er solcher Rahmenbedingungen, die diese Kommunikation als eine absichtsvolle aufrechterhalten. Es macht das antispiritualistische Moment in Luthers Kirchenbegriff aus, daß die Äußerlichkeit des Sprechens und Hörens gegenüber der Innerlichkeit des Meinens und Verstehens nicht abgewertet wird. Vielmehr entsteht aus dem Wissen um die Unersetzbarkeit der symbolischen Kommunikation das Bestreben, die Bedingungen derselben zu sichern. Dieser Gedanke ist der Ursprung des Amtsbegriffes in Luthers Auffassung von der Kirche, wie sich wieder knapp und klar in der Schrift über *Recht und Macht der christlichen Gemeinde* sehen läßt.[37] Es ist gewissermaßen das Volk Gottes selbst, das zum Zwecke seines Hörens des Wortes Gottes Menschen für die Funktion aussondert, andere gezielt anzusprechen. Damit ist das Amt nach reformatorischem Verständnis funktional bestimmt und prinzipiell von jedermann auszuüben. Das ist die Idee vom Priestertum aller Gläubigen. Unter den Christen sind aber aus pragmatischen Gründen einige dazu auszuwählen, die Rolle der Verkündiger und Lehrer zu übernehmen, also als Initiatoren des Geschehens von Sprechen und Hören des Wortes Gottes auftragsgemäß tätig zu werden. Sie nehmen allein darum eine Stellung gegenüber der Gemeinde ein. Sie sind ihr aber nicht übergeordnet; denn es ist die Gemeinde selbst, die, indem sie das Wort Gottes hört oder nicht hört, über die Stimmigkeit der Verkündigung das Urteil fällt; nicht in einer Art Lehrprozeß, sondern in der Fähigkeit, das im Reden Gemeinte im Hören zu verstehen und darin sich selbst als vor Gott stehend zu erkennen. Ein zweiter Grund tritt hinzu, der eine rangmäßige Stufung der Amtsträger verhindert. Sie sind, wie alle anderen Christen auch, ihrerseits auf das Hören des Wortes angewiesen. Sie hören es, einmal und als Muster für ihre Verkündigung, aus der Bibel. Und sie hören es sodann, indem sie zu gegebener Zeit ihrerseits in die Rolle der nur Hörenden eintreten und sich selbst Gottes Wort von anderen sagen lassen.

Es versteht sich nach diesen Grundlagen beinahe von selbst, welches die Kriterien sind, nach denen solche Amtsaufträge vergeben werden. Entscheidend ist die Fähigkeit, den genuinen Sinn der Bibel zu verstehen. Dazu gehört eine theologische ebenso wie eine sprachlich-literarische Bildung. Und es ist die Kompetenz vonnöten, mit sich wandelnden Sprechsituationen adäquat umzugehen. Es ist also literarische und kommunikative Bildung erforderlich. Das ist der Hintergrund für die akademische Ausbildung der evangelischen Amtsträger.

Damit diese gesamte Vorstellung aber überhaupt schlüssig wird, muß ein weiteres wichtiges Element hinzukommen. Wenn die Gemeinde, also alle Christen, die Lehre soll beurteilen können, dann muß der Maßstab des Urteils, die Grundformation der christlich-frommen Redeweisen, in ihrer Hand sein: die Bibel. Insofern ist Luthers Bibelübersetzung, die mit der Übertragung des Neuen Testaments auf der Wartburg 1521/1522 begann und die unter Mithilfe Wittenberger Gelehrter, vor allem Melanchthons, bis an sein Lebensende reichte, konkreter Ausdruck der Konstitution der Gemeinde durch das Wort Gottes. Dabei zeichnet sich Luthers Bibelübersetzung vor anderen, auch späteren, nicht nur durch sprachliche Meisterschaft aus, sondern vor allem dadurch, daß Luther den Anredecharakter der Schrift in den Vordergrund stellte. Die Bibel ist rhetorisch verstanden: als für sich sprechendes Wort Gottes in menschlicher Sprachgestalt, nicht als Buch übernatürlich-geheimnisvoller Sachverhalte, über die man sich seine Gedanken machen kann.[38]

Die Ordnung der Gemeinde, die die Bibel lesen kann und die sich Verkündiger auswählt nach den erforderlichen Fähigkeiten, verlangt nun freilich überdies, daß sie selbst in der äußeren Lage ist, die Verkündigung zu hören und in urteilende Diskurse über dieselbe einzutreten. Sie verlangt daher nach einer sozialen Verfaßtheit des Lebens, die zu derart geistlicher Betätigung Raum läßt; die soziale Wirklichkeit der religiösen Gemeinde ist nicht zu denken ohne ein politisch-gesellschaftliches Umfeld.

Die Sichtbarkeit der verborgenen Kirche

Die Gemeinde oder Kirche existiert insofern im Verborgenen, als niemand in die Herzen sehen kann, ob dort der Glaube regiert oder nicht. Weil aber der Glaube allein aus dem Wort kommt, kann die Annahme einer verborgenen Kirche doch gar nicht erfolgen, ohne sich auf Phänomene des erfahrbaren Lebens zu berufen. Dafür kommen nun insbesondere zwei Bereiche in Betracht. Einmal die Medien, in denen und denen zufolge der Glaube sich bildet. Und sodann die Konsequenzen, die von den Menschen gezogen werden, die zum Glauben gekommen sind. Der Frage nach den erkennbaren Merkmalen der sichtbaren Kirche, ohne die die verborgene gar nicht existieren würde, ist Luther im dritten Teil der Schrift *Von den Konzilien und der Kirche* (1539) nachgegangen. Er folgt dabei den zwei Tafeln der Zehn Gebote, indem er zuerst auf die Medien achtet, die den Glauben an Gott provozieren; von ihnen unterscheidet er, was gemäß der zweiten Tafel der Gebote im zwischenmenschlichen Verhalten sichtbar wird.

»Woran will oder kann doch ein armer, irrender Mensch merken, wo solch christliches, heiliges Volk in der Welt sei? [...] Zum ersten: Das christliche, heilige Volk ist daran zu erkennen, daß es das heilige Gotteswort hat [...]. Wir reden aber von dem äußerlichen Wort, das durch Menschen wie dich und mich mündlich gepredigt wird. Denn das hat Christus hinterlassen als ein äußerliches Zeichen, an dem man seine Kirche oder sein christliches, heiliges Volk in der Welt erkennen soll. [...] Wenn du nun dieses Wort hörst oder siehst predigen, glauben, bekennen und danach tun, da habe keinen Zweifel, daß ein christliches, heiliges Volk sein muß, wenn ihrer auch sehr wenige sind. Denn Gottes Wort geht nicht leer aus.«[39]

Die Aufmerksamkeit auf das Erkennungszeichen der Kirche ist also von der Art, daß sie sich selbst in die Schar derjenigen einreiht, die das Wort hören; der Prozeß der Urteilsbildung über das Vorliegen oder Nichtvorliegen von Kirche schließt diejenigen mit ein, die zu urteilen beabsichtigen. Nach dem Muster des Wortes Gottes sind auch die nächsten Kennzeichen der Kirche gestaltet, die Luther nennt: die Taufe, das Abendmahl, die Sündenvergebung in der Beichte. Er führt damit nur aus, was das Augsburgische Bekenntnis 1530 vor Kaiser und Reich auf dem dortigen Reichstag als Wesensmerkmal der Kirche benannt hatte: »die Versammlung aller Gläubigen, bei denen das Evangelium rein gepredigt und die heiligen Sakramente laut dem Evangelium gereicht werden« (Confessio Augustana VII) [40].

In seiner Schrift von 1539 fügt Luther diesen Kernbestandteilen noch das geordnete funktionale Amt und das gemeindliche Leben in Gottesdienst und Gebet hinzu. Damit nimmt er Bezug auf das regelmäßige Ergehen des Wortes Gottes und sein ebenso regelmäßiges Ankommen im Leben der Menschen. Unter dem Aspekt der Lebensumgestaltung im Glauben nennt er schließlich noch den Gedanken, daß der Glaube in Spannung versetzt gegenüber einer Norm der Lebensführung, die sich dem eigenen unmittelbaren Selbstinteresse verdankt. Es ist in Luthers Reihung ein klares Gefälle zu erkennen: Das Wort Gottes ist Ausgang und Maßstab; die Sakramente sind ihm konform; Amt und Gemeinde kennzeichnen die Spannbreite, in der sich das Wort Gottes entfaltet; der Widerstand der Welt gegen ein christliches Leben ist die spürbare Konsequenz. Mit dem letzten Gesichtspunkt ist bereits der Übergang vorbereitet zur Betrachtung der zweiten Reihe unter den Merkmalen der Kirche: wie nämlich die zwischenmenschlichen Beziehungen infolge des Glaubens wahrgenommen werden.

Allerdings ist Luther an dieser Stelle zu Recht zurückhaltender; denn den gelungenen Taten sieht man ihre Motivation nicht an, so daß sich ein direkter Rückschluß von einer gelungenen Sozialität zum Vorliegen rechten Gottesglaubens verbietet. So wie umgekehrt die Beobachtung der konstitutiven Merkmale des Volkes Gottes zwar das Handeln nach den – im Glauben erfüllten – Geboten erwarten läßt, das Mißlingen dieser Konsequenz aber nicht berechtigt, die tatsächliche Wirklichkeit des Volkes Gottes in Frage zu stellen. Und zwar darum nicht, weil die diese Menschen heiligende Macht des Wortes Gottes nicht in ihnen steckt, sondern ihr Gegenüber bleibt, das sie zu verwandeln im Begriffe ist.

Luthers Hinweis auf die sichtbare Kirche fällt notwendigerweise so aus, daß er die Mitte, den Kern, nämlich den Glauben als Vereinigung mit Gott, verborgen läßt. Allerdings ist genau das auch das Argument dafür, die beobachtende Wahrnehmung der Kirche zu einer einladenden Teilnahme werden zu lassen.

Die aus der reformatorischen Erkenntnis sich ergebende Auffassung von der Kirche hat seit 1520/1521 gemeindeprägende Kraft gehabt. Durch den Bann, mit dem Rom Luther um jene Jahreswende belegte, war die Aussicht auf eine Reformation in den alten Strukturen der Kirche stark geschwunden. Allerdings erfolgte von reformatorischer Seite auch nicht eine planmäßige kirchliche Neubildung. Statt dessen stammten die Ansätze zur Reorganisation der kirchlichen Verhältnisse aus Impulsen der Menschen, die sich im Glauben neu zu orientieren begannen. Die Umstellung zeigte sich teils in der Auflösung von Klöstern, die nun ihren Rang als exemplarische Verwirklichungsstätten des Christentums verloren hatten, weil alle Christen denselben geistlichen Rang einnahmen. Sie zeigte sich andererteils in der Bestallung von reformatorisch gesinnten Predigern, die zur Verkündigung des Wortes Gottes im Kirche begründenden Sinne fähig waren. Das war vor allem da möglich, wo das Besetzungsverfahren schon früher aus der Hand der Bischöfe auf den Rat der Stadt oder auf territoriale Herrschaften übergegangen war. Da sich das reformatorische Gedankengut außer durch Predigten vor allem durch eigene Bibellektüre sowie das Studium rasch erscheinender und weit gestreuter Flugschriften – nicht zuletzt aus Luthers Feder – verbreitete, verwundert es nicht, daß zunächst Städte zu Zentren kirchlicher Umgestaltung wurden.

Mit dieser kirchlichen Neuorganisation entstand eine Fülle von Problemen, zu deren Regelung Luther durch Vorlagen und Anregungen, nicht zuletzt durch eine ausgedehnte Korrespondenz, entscheidend beitrug. Das herkömmliche kirchliche System war ja auch in wirtschaftlichem Sinne eine feste Institution der Gesellschaft gewesen, die an der Verteilung des gesellschaftlichen Reichtums nicht unerheblich beteiligt war. Das galt, neben der Finanzierung der Kirche und ihrer Amtsträger selbst, insbesondere für das Armenwesen. Hier setzte eine Umschichtung ein, nach der nun auf die Bürgergemeinde die Aufgaben übertragen wurden, die einmal in allein geistlicher Zuständigkeit lagen. Dabei ist allerdings faktisch noch immer mit einer Personenidentität von Christengemeinde und Bürgergemeinde zu rechnen; dadurch bleibt der Zusammenhang von Motivation im Glauben und Auswirkungen im Handeln erhalten. [41]

Weiter bedurfte das gottesdienstliche Leben einer Reform; denn nun kam es darauf an, den Gottesdienst ganz auf das Wort Gottes – und nach seinem Muster auf die Sakramente – einzustellen, damit das geistliche Leben des Volkes Gottes seine richtige Form gewönne. Auch dazu erarbeitete Luther eine Vielzahl von Vorschlägen, sowohl zur Ordnung des Gemeindegottesdienstes als auch zum Umgang mit der Taufe, der Trauung, durch Musterpredigten (»Postillen«) und Lieder. [42] Inhaltlich am wirksamsten wurde Luther in dieser Hinsicht durch seinen *Großen* und *Kleinen Katechismus*, eine Laiendogmatik in der Absicht einer hermeneutischen Einstellung auf das Bibelstudium, die sich an den Zehn Geboten, dem Glaubensbekenntnis und dem Vaterunser orientiert und das grundlegende Verständnis der beiden auf Jesus zurückgehenden Sakramente, Taufe und Abendmahl, entfaltet.

Wie schon bemerkt wurde, benötigt die geistliche Kommunikation im Volk Gottes bestimmte nichtgeistliche Voraussetzungen; neben politischer Ordnung, die Frieden garantiert, vor allem Bildung, um sich durch die eigene Lektüre der Bibel auf das Wort Gottes einzustellen. In diesem Sinne hat Luther die Gründung und den Ausbau von Schulen in den reformatorischen Landen gefordert; nicht immer mit durchschlagendem Erfolg.[43] Insbesondere für die Ausbildung der Pfarrer, die nun die Bibel in den Originalsprachen Hebräisch und Griechisch mußten lesen können, und der Juristen, die sich dem gemeinen Wohl verpflichtet wissen sollten, hat Luther die Fortführung und die Reform akademischer Bildung befürwortet. Damit hat er die politische Führung mit dem Gemeinwohlinteresse betraut – und dieses schloß, weil die kirchlichen Autoritäten zur Reform unfähig und unwillig waren, die landesherrliche Fürsorge für die äußeren Rahmenbedingungen der Verkündigung des Evangeliums mit ein.

Dies hat sich im Kurfürstentum Sachsen insbesondere in der Visitation seit 1528 niedergeschlagen, in deren Verlauf Pfarrer und Lehrer auf die Qualität ihrer Amtsführung überprüft wurden. Dazu bekamen diese Besuch von zwei Beamten des Kurfürsten und zwei Theologen der Wittenberger Universität. Von Luther – und vielleicht stärker noch von Melanchthon – gedacht als Verfahren zur Selbstkorrektur reformatorischer Predigt und Bildungsarbeit, hat der Kurfürst die Gelegenheit wahrgenommen – ohne in die Bestände der Lehre einzugreifen und ohne das Gemeindeprinzip aufzuheben –, die Zuordnung von Predigern und Lehrern zu seiner Verwaltung zu stärken. Daraus hat sich eine organisatorische Verknüpfung des protestantischen Kirchenwesens mit den lokalen und territorialen Autoritäten ergeben, das sog. »landesherrliche Kirchenregiment«; ein Zustand, der bis zur Weimarer Reichsverfassung prinzipiell bestand. Noch die Nachfolgeregelungen staatskirchenrechtlicher Art, die in der Weimarer

Verfassung getroffen (WRV Art. 136-139 und 141) und die unverändert ins Grundgesetz übernommen wurden (GG Art. 140), sind mit den Folgeproblemen dieser Ordnung befaßt.

Es handelt sich um eine mögliche Konsequenz der theologisch notwendigen Unterscheidung zwischen der verborgenen Kirche, die sich durch das Wort Gottes und den Glauben aufbaut, und der sichtbar verfaßten Kirche, die die Medien und die Folgen der Verkündigung des Evangeliums umfaßt. Da aber stets von einer Sichtbarkeit der verborgenen Kirche zu reden ist, bleibt die Gestaltung der äußeren Ordnung der Kirche eine geschichtliche Aufgabe derjenigen, die durch Gottes Wort für den Glauben gewonnen wurden.

9. Geistliches und weltliches Regiment

Glaubensgerechtigkeit und die Differenzierung sozialer Funktionen

Es liegt in der Konsequenz des Glaubens an Gott, der die Form der humanen Teilhabe an Gottes eigenem Leben darstellt, daß sich der Sinn menschlichen Lebens in der Gottesbeziehung vollendet. Diese Erfüllung des menschlichen Sinnverlangens entlastet die gesellschaftlichen Sozialbeziehungen von dem Anspruch, in ihnen letzte Gewißheiten aufbauen zu müssen. Das Glaubensverständnis Luthers besitzt daher eine weitreichende Bedeutung auch für die Auffassung von Zweck und Absicht des Politischen.[44]

Gemäß der Logik der Glaubensgerechtigkeit baut sich der Gedanke folgendermaßen auf: Im Glauben wird gewußt, daß sich Gott im Menschenleben glaubenweckend einstellt, indem er den Unglauben – oder die abstrakte Beziehung auf sich selbst – überwindet. Aus dieser Macht Gottes, das ihm abgewandte menschliche Herz für sich zu gewinnen, ergibt sich die Überzeugung, daß Gott alles in der Welt wirkt; nichts ist ihm entzogen.[45] Insbesondere wirkt Gott auch dort, wo noch nicht der Glaube selbst das Thema ist, sondern wo es um die Bedingungen geht, die gegeben sein müssen, damit es zum Glauben kommt: die Existenz von Welt und Menschen »vor« dem Glauben und »außerhalb« des Glaubens. Denn der Glaube ist ja von der Art, daß er, gerade als Teilhabe an Gottes Leben, das menschliche Leben in seiner Leiblichkeit nicht aufhebt, das zu seiner Erhaltung des gesellschaftlich organisierten Austausches mit der Natur bedarf. Gott wirkt, so lautet die hierher gehörige Grundüberzeugung, auch außerhalb des von ihm gewonnenen Glaubens in der Welt, und zwar sowohl unter dem Gesichtspunkt ihrer Erhaltung als von ihm geschaffene Schöpfung als auch unter dem Gesichtspunkt der Überwindung der ihr als solcher eigenen Unbestimmtheit, d. h. ihres Unglaubens. Ein bewahrendes und ein veränderndes Wirken Gottes sind hier zu unterscheiden. In diesem Kapitel wird das elementare Modell dieser Unterscheidung vorgestellt, in seine theologisch-politische Traditionsgeschichte eingerückt und auf seine kulturellen Konsequenzen hin befragt.

Die zwei Regierungsweisen Gottes

Luther hat die Unterscheidung zwischen geistlichem und weltlichem Regiment Gottes zuerst deutlich in seiner Schrift *Von weltlicher Obrigkeit, wie weit man ihr Gehorsam schuldig sei* (1523) entwickelt. [46] Sie hat, wie fast alle Schriften Luthers, einen konkreten Anlaß. In Bayern, Brandenburg und im Herzogtum Sachsen war Ende 1522 die Verbreitung von Luthers Übersetzung des Neuen Testamentes untersagt worden. Es ist klar, daß das aus Luthers Sicht eine obrigkeitliche Einschränkung der Urteilsbasis des Gewissens darstellte und daß dieser Eingriff in die Glaubensfreiheit, die ja erst die Erfahrung der Glaubensgerechtigkeit zuläßt, nicht zu ertragen war. Aus dieser Veranlassung wird deutlich, daß es Luther wesentlich um eine Einschränkung obrigkeitlicher Befugnisse geht [47] und nicht – wie man die Schrift manchmal rezipiert hat – um eine Konstruktion autoritärer Herrschaft [48]. Dieser Eindruck hat sich dadurch gespeist, daß Luther in der Tat eine Begründung »staatlicher« Funktionen aus der

Logik biblisch orientierten Gottesglaubens voranstellt; diese Argumentation ist jedoch darum sinnvoll, weil durch sie die später gezogenen Grenzen politischer Zuständigkeit bereits in der Funktion des Politischen selbst grundgelegt erscheinen. Aus gegebenem Anlaß also greift Luther ins Prinzipielle zurück.[49]

Luthers Ausgangspunkt bildet die im Neuen Testament erkennbare Spannung zwischen einer durchgreifenden Kritik gewaltförmig aufgebauter Sozialverhältnisse überhaupt (am massivsten in den Forderungen der Bergpredigt von Vergeltungsverzicht und Feindesliebe, Matthäus 5, 38f.und 44) und einer christlichen Anerkennung obrigkeitlicher Gewalt (Römer 13, 1-8). Luther löst diese Spannung nicht durch einen innerweltlichen Kompromiß, sondern durch eine – freilich nur scheinbar schlüssige – Aufteilung auf Menschengruppen:

»Hier müssen wir Adams Kinder und alle Menschen teilen in zwei Teile: die ersten zum Reich Gottes, die andern zum Reich der Welt. Die zum Reich Gottes gehören, das sind alle Rechtgläubigen in Christus und unter Christus. [...] diese bedürfen keines weltlichen Schwerts noch Rechts. [...] Warum das? Weil der Gerechte von sich aus alles und mehr tut, als alle Rechte fordern. Aber die Ungerechten tun nichts Rechtes, darum bedürfen sie des Rechts, das sie lehre, zwinge und dringe wohlzutun.«[50]

»Zum Reich der Welt oder unter das Gesetz gehören alle, die nicht Christen sind. Denn da wenige glauben und der kleinere Teil sich nach christlicher Art hält, daß er nicht widerstrebe dem Übel, ja daß er nicht selbst Übel tue, hat Gott diesen außer dem christlichen Stand und Gottes Reich ein anderes Regiment verschafft und dem Schwert [nämlich: der gewaltbewehrten Rechtsordnung] unterworfen.«[51]

»Darum hat Gott zwei Regimente verordnet: das geistliche, welches Christen und fromme Leute macht durch den heiligen Geist, unter Christus, und das weltliche, das den Unchristen und Bösen wehrt, daß sie äußerlich Frieden halten und still sein müssen, ob sie wollen oder nicht.«[52]

Luthers Aufteilung wirkt auf den ersten Blick irritierend. Denn einmal ist vom Reich Gottes und vom Reich der Welt die Rede; damit sind offensichtlich zwei einander ausschließende Größen oder Machtbereiche gemeint, und die Zuordnung Christen – Nichtchristen scheint ausschließlich. Auf der anderen Seite ist von zwei Regimenten Gottes die Rede, also von zwei Wirkungsweisen eines einzigen Subjektes; entsprechend gibt es auch Christen, die im Sinne des weltlichen Regimentes tätig werden. Diese scheinbare Ungenauigkeit hat manchmal für Verwirrung gesorgt. Man kann diese Verwirrung so auflösen: In der Tat handelt es sich bei dem Gegensatz vom Reich Gottes und dem Reich der Welt um eine Alternative. Diese Form eines ausschließlichen Gegensatzes begegnet den Menschen, die nicht aus sich selbst in der Lage sind, sich vom Reich der Welt ins Reich Gottes zu versetzen. In der Rede von den Reichen wird also eine dualistische Perspektive eingenommen, wie sie sich dem Menschen nahelegt, der im Glauben erfährt, daß er sein Schicksal nicht in der eigenen Hand hat. Die Unterscheidung von zwei Regimenten dagegen ist deutlich komplementär; und die Vereinbarkeit beider miteinander ist durch das in ihnen wirkende Subjekt, Gott, gegeben. Das heißt aber: Allein dank Gottes rettendem Wirken gibt es auch für Menschen einen Übergang zwischen den beiden Reichen bzw. eine Herabstufung der beiden Reiche zur Komplementarität der beiden Regimente. Die ausschließliche Alternative wird zu einer Differenz der Aspekte.

Verbindet man nun die beiden Unterscheidungen miteinander, dann wird das Bild komplizierter und spannungsreicher, gewinnt aber auch an Realitätsnähe. Denn nun zeigt sich, daß das Reich der Welt und das Reich Gottes darum einander ausschließen, weil im Reich der Welt eine Bestimmung des Menschen vorgenommen wird, die den Menschen von Gott abwendet oder ihn abzuwenden versucht. Es ist also die Macht der abstrakten Selbstbeziehung, die als Übermacht der Sünde – mythologisch geredet: des Teufels – erfahren wird. Zwischen einer Bestimmung des Menschen durch Sünde und Teufel aber und einer Bestimmung durch Gott gibt es kein Drittes. Indem jedoch das Reich der Welt, unter dem anderen Gesichtswinkel, als Ort des weltlichen Regimentes Gottes erscheint, wird auch klar, daß das weltlich-gottferne Leben trotz seiner Heillosigkeit darum nicht schon als natürliches Leben zerfällt, weil es auch in seiner Gottabgewandtheit von Gott erhalten wird. Bereits im Reich der Welt ist also das weltliche Regiment Gottes am Werke; allein dieses verhindert die Vollendung der Katastrophe, die aus dem sich potenzierenden Bösen folgen müßte. Zugleich wird erkennbar, daß die beiden Regimente Gottes in einem mittelbar zielgerichteten Sinne miteinander verbunden sind: Das weltliche Regiment bereitet den natürlichen Boden für das geistliche; der Zusammenhang aber stellt sich allein über Gott her.

Die aus menschlicher Sicht ausschließlich erscheinende Alternative zwischen Reich der Welt und Reich Gottes wird transformiert in eine aspektivische Differenz, wenn Gott in seinem heilschaffenden Wirken im Glauben präsent ist. Weil diese Transformation aber allein durch Gott erfolgen kann, ist die Gefahr des Wiederaufbrechens der Alternative aus menschlichem Blickwinkel nicht auszuschließen. Insofern bleibt es weltgeschichtlich mit Grund bei der Doppelheit der Terminologie der Reiche und Regimente. Und nur wenn man dies so in Rechnung stellt, wird auch klar, inwiefern Christen sich einerseits am weltlichen Regiment Gottes beteiligen können und müssen – sofern sie nämlich die Selbstunterscheidung zwischen Glaube und unmittelbarer Selbsterhaltung vollziehen –, inwiefern sie sich andererseits selbst nicht dagegen versichern können, der Macht des Teufels und der Sünde anheimzufallen, gerade dann, wenn sie mit Recht und Gewalt umgehen müssen. Aus diesen beiden Gesichtspunkten ergibt sich sowohl die Begrenzung der obrigkeitlichen Macht als auch das persönliche Risiko der Teilhabe an der machtförmigen Ordnung der Gesellschaft in der Politik.

Es kennzeichnet den Umgang mit Macht und Gewalt im Reich der Welt, daß diejenigen, die ihn dort pflegen, nicht zu unterscheiden vermögen zwischen dem Geltungsbereich des Rechts als der allgemein verpflichtenden Verbindlichkeit im sozialen Zusammenhang und der nur individuell zu realisierenden Gewissensgewißheit. Jede Gestalt machtförmiger Ordnung tendiert, das steckt in Luthers Aufstellungen, zu einer Überschreitung bloß verfahrensförmiger Rechtlichkeit und beabsichtigt, die eigene Gültigkeit ideologisch zu sichern. Wo dagegen im Reich der Welt das weltliche Regiment Gottes ausgeübt wird, wird die Grenze zwischen Recht und Gewissen eingehalten. Diese Unterscheidung geht also auf eine solche religiöse Deutung der Politik zurück, die von der differenzierenden Verfaßtheit des Glaubens Gebrauch macht. Ohne diese religiöse Grenzziehung wird politische Macht totalitär.

»Das weltliche Regiment hat Gesetze, die sich nicht weiter erstrecken als über Leib und Gut und was äußerlich ist auf Erden. Denn über die Seele kann und will Gott niemanden regieren lassen als sich selbst allein. Darum: Wo weltliche Gewalt sich anmaßt, der Seele Gesetze zu geben, da greift sie Gott in sein Regiment und verführt und verdirbt nur die Seelen.«[53]

Die Bestimmtheit des Glaubens allein durch Gott stellt sich anthropologisch als Freiheit dar. Darum gilt: »Zum Glauben kann und soll man niemand zwingen.«[54] Aber auch umgekehrt ist zu fordern, daß die je eigene Möglichkeit, selbst zum Glauben zu kommen, nicht verhindert werden darf. Daraus ergibt sich ein Widerspruchsrecht der Untertanen gegen ihre Obrigkeit.

»Wenn nun dein Fürst oder weltlicher Herr dir gebietet, es mit dem Papst zu halten, so oder so zu glauben, oder dir gebietet, Bücher abzugeben, so sollst du sagen: Es gebührt Luzifer nicht, neben Gott zu sitzen. Lieber Herr, ich bin euch schuldig zu gehorchen mit Leib und Gut; gebietet mir nach dem Maß eurer Gewalt auf Erden, so will ich folgen. Befehlt ihr mir aber, zu glauben und Bücher abzugeben, so will ich euch nicht gehorchen. Denn da seid ihr ein Tyrann und greift zu hoch, gebietet, obwohl ihr weder Recht noch Macht habt.« [55]

Diese Begrenzung politischer Macht hat sich in modernen Verfassungen als Grundrecht auf Religions- und Gewissensfreiheit niedergeschlagen; die Nennung des Gottesnamens in der Präambel des Grundgesetzes läßt überdies ein Bewußtsein davon verspüren, daß die Unterscheidung der beiden »Regimente« zugleich eine Klammer zwischen beiden voraussetzt, die sich empirischer Festlegung entzieht. Die von Luther anvisierte Grenzziehung der Zuständigkeit rechtlich-politischer Ordnung bleibt auch für die gegenwärtige politische Kultur eine maßgebliche Orientierung.

Politisch tätig zu sein ist innerhalb dieser Grenzen ein mit Gottes Willen übereinstimmendes, ja an Gottes Wirken teilnehmendes Handeln. Politisch tätig zu sein setzt aber zugleich ein hohes Verantwortungsbewußtsein und Unterscheidungsvermögen voraus, das sich von den Verführungen der Macht nicht beeindrukken läßt.

»Das Schwert soll kein Christ für sich und seine Sache führen noch anrufen; doch für einen andern kann und soll er's führen und anrufen, damit der Bosheit gesteuert und die Rechtschaffenheit geschützt werde.« [56]

Entsprechend ist der Fürstenstand am meisten gefährdet, sind doch in ihm die befugte Anwendung der Macht und die letzte Entscheidung über Recht und Unrecht konzentriert und also die Verführung zur Verwechslung am größten. Der Fürstenstand ist darum nach Luther »ein gefährlicher Stand« [57]. Um sich in dieser

Gefahr zu bewähren, rät er zu einer funktionalen Aufteilung der Verantwortung: »daß ein Fürst sich in vier Orte teilen soll. Aufs erste zu Gott mit rechtem Vertrauen und herzlichem Gebet. Aufs zweite gegen seine Untertanen mit Liebe und christlichem Dienst. Aufs dritte gegen seine Räte und Gewaltigen mit freier Vernunft und unbefangenem Verstand. Aufs vierte gegen die Übeltäter mit bescheidenem Ernst und Strenge. So geht sein Stand auswendig und inwendig recht, der Gott und den Leuten gefallen wird.«[58]

In vielen Briefen und öffentlichen Schriften hat Luther von diesen Grundanschauungen Gebrauch gemacht. Ein besonders instruktives Beispiel für die Anwendung seiner Grundsätze liegt in seinem *Sendbrief an Kurfürst Johann Friedrich und Herzog Moritz von Sachsen* (1542) vor.[59] In der Form eines offenen Briefes gedachte Luther hier in einem Konflikt zwischen den beiden sächsischen Fürsten zu intervenieren, die sich bereits auf zwei Seiten des umstrittenen Amtes Wurzen, östlich von Leipzig an dem Flüßchen Mulde gelegen, mit ihren Truppen gegenüberstanden. Ausgleichsverhandlungen, die unerwartet doch noch begonnen wurden, hielten den Druck des Sendbriefes in Wittenberg freilich an. Luther tritt in seiner Schrift als Ratgeber des Gewissens der Fürsten (und ihrer Untertanen) auf. Als Prediger macht er keine materialen Vorschläge zur Lösung des Streites; er weist aber auf die gewissenskonformen Verfahren hin, den drohenden Krieg zu verhindern. Sein zentraler Rat ist, daß »eine Partei der andern Frieden und Beilegung durch ein Schiedsgericht anbieten«[60] soll. Das wäre ein Weg, Klugheit zu zeigen und das Gewissen rein zu halten, also ein Handeln im Zusammenklang von geistlichem und weltlichem Regiment Gottes. Wenn es nun freilich so sein sollte, daß eine Partei eine schiedsgerichtliche Einigung verweigert, also die vorgeschlagene Zusammenstimmung von Glauben und Handeln ablehnt, so soll sich die andere Seite im Sinne eines Notwehrrechtes als weltliches Regiment mit dem Schwert verhalten und den Kampf nicht scheuen. Wer dann in einen solchen Kampf auf seiten desjenigen eintritt, der den Ausgleich sucht, soll ein ruhiges Gewissen haben; er tut, was im Sinne von Gottes weltlichem Regiment ist. Auf der anderen Seite soll derjenige, der den Ausgleich verweigert, des Zwiespaltes zwischen Gewissen und Handeln innewerden und um sein Heil fürchten; die Untertanen desselben aber sollen, eben aus Gründen ihres eigenen Gewissens, die Fahne fliehen.

Die drastische Deutlichkeit, mit der Luther in diesem Brief – an seinen eigenen Fürsten Johann Friedrich und an dessen Verwandten Moritz – spricht, ist bemerkenswert; und die Aufforderung zur Fahnenflucht aus Gewissensgründen ist aufsehenerregend, nicht nur für Umstände stark personal vermittelter Herrschaft. Auf diesem Hintergrund sind auch die oft zitierten Ratschläge an die Soldaten der Fürsten zu verstehen, gegen die aufständischen Bauern die Waffen zu ergreifen: als Resultat eines gewissensförmigen Prüfungsprozesses über Recht und Unrecht, den kein Theologe dem Christen abnehmen kann; denn daß es beim Handeln wie auch bei der dem Handeln zugrundeliegenden Situationseinschätzung um das Heil der Seele, also um ein ruhiges Gewissen oder um die Konstanz der Glaubensgerechtigkeit vor Gott geht, das gilt ohne Einschränkung.

Die Traditionsgeschichte der zwei Reiche und zwei Regimente

Mit seiner Konzeption der zwei Reiche und zwei Regimente hat Luther ein neues Niveau in der Geschichte der politischen Ethik des Christentums erreicht, das diese grundsätzlich modernitätsfähig werden läßt. Denn er hat zwei Traditionsstränge miteinander verflochten, die je für sich und auch in ihrer bisherigen Verknüpfung zu einer derartigen Leistung nicht imstande gewesen wären: die apokalyptisch getönte Auffassung der zwei Reiche und die politisch-strategisch ausgerichtete Lehre von den zwei Schwertern. Dieser geschichtliche Hintergrund sei in Kürze umrissen. Er läßt die Eigenart der politischen Theorie Luthers noch deutlicher hervortreten.

Die Verkündigung Jesu bewegte sich im Horizont der Erwartung des Weltendes im antiken palästinensischen Judentum. Jesus selbst sprach in apokalyptischer Terminologie, wenn er von »diesem Zeitalter« und dem »zukünftigen Zeitalter« redete (Markus 10, 28 ff.; Matthäus 12, 32) oder sich selbst zur endzeitlichen Gestalt des Menschensohnes in Beziehung setzte (Lukas 12, 8 f.). Allerdings findet sich diesseits der Affirmation eines vom Weltende gekennzeichneten Weltbildes bei Jesus auch eine Umbildung jener Vorstellungen, wenn er von der unmittelbaren Nähe des Reiches Gottes in seiner eigenen Person spricht – wofür die Gottesreichgleichnisse den eindrücklichsten Beleg geben. Es ist diese Neuinterpretation der apokalyptischen Tradition gewesen, die es dem Urchristentum ermöglicht hat, das Nichteintreten des nahegeglaubten Weltendes zu verarbeiten, ohne die Botschaft Jesu für irrelevant erklären zu müssen.

Augustin (354-430) ist es dann gewesen, der, in der Endphase des römischen Imperiums, die Auffassung von den zwei Reichen endgültig zu einer innergeschichtlichen Strukturlehre umgeformt hat. Augustin nimmt in seinem Werk *De civitate Dei* (413-426) auf die Vorwürfe Bezug, die Eroberung und Plünderung Roms durch Alarich (410) sei das Resultat des neu als »religio licita« eingeführten Christentums, also die Strafe für das Verlassen der alten Staatsgötter. Augustin antwortet darauf mit seiner Theorie von zwei »Rechtsgemeinschaften« (civitates), die seit Anbeginn der Welt im Kampf miteinander liegen: Die Civitas Dei umfaßt die Menschen, die Gottes Willen tun, die Civitas terrena aber diejenigen, die sich von Gott abwandten. Schon immer also hat es in der Geschichte, auch in der römischen, Katastrophen gegeben, die der Gottlosigkeit geschuldet waren; die Konsequenz daraus ist, daß gegen diesen Hang zur Gottlosigkeit die Gemeinschaft derer, die Gott folgen, gestärkt und vergrößert wird. Die Civitas terrena also besitzt ein ihr immanentes Gefälle, als Civitas diaboli aufzutreten. Ihr muß die Civitas Dei entgegensteuern, die insofern auch geschichtliche Realität besitzt, nämlich als Kirche anschaulich ist. Wie dies im einzelnen vorzustellen ist, darüber hat sich Augustin nicht völlig klar geäußert. Entscheidend und für die politische Ethik des Christentums wegbestimmend war jedoch seine Auffassung von dem innergeschichtlichen Gegeneinander unterschiedlicher, sozial verknüpfter Willensgemeinschaften: ein in die Geschichte verlagerter apokalyptischer Dualismus.

Bei der Frage, wie der vergeistigende und zum geistlichen Leben erziehende Einfluß der Civitas Dei zu denken sei, setzt die mittelalterliche Theorie des Politischen an, die als Zwei-Schwerter-Lehre bekannt ist. Sie beruft sich auf Lukas 22, 38, wo in einem Gespräch Jesu mit seinen Jüngern über die Ausbreitung des Reiches Gottes – auf etwas unklare Weise – von zwei Schwertern die Rede ist; man kann diese Stelle so deuten, daß damit ein kämpferischer Einsatz für das Reich Gottes gemeint sei. Die mittelalterliche Papstkirche hat sich diese Auslegung so zu eigen gemacht, daß sie als empirische römische Kirche für die Orientierung der weltlichen Macht zuständig sei. In der – später als Fälschung erkannten – Urkunde der sog. Konstantinischen Schenkung (sie ist in Wahrheit nicht im 4. Jahrhundert, sondern im 8./9. Jahrhundert entstanden) bekennt der fiktive römische Kaiser: »höher als unsere Gewalt soll der hochheilige Stuhl des seligen Petrus erhöht werden« – eine Inthronisation des Papstes. Der bedeutende Papst Gregor VII. (1073-1085) hat daraus im »Dictatus papae« den Satz gefolgert, daß der Papst den Kaiser absetzen dürfe. Zieht man die machtpolitischen Interessen des römischen Stuhls einmal ab, so bleibt dahinter die Absicht erkennbar, als organisierte Kirche auch für die Geschicke des Staatswesens zuständig zu sein: gerade um ein Abgleiten der Civitas terrena in die Civitas diaboli zu verhindern. Bekanntlich hat dieser Anspruch im hohen Mittelalter zum Konflikt mit dem Kaisertum geführt, das, durch das Haupt eines christlichen Fürsten repräsentiert, den Anspruch erhob, seinerseits die Selbststeuerung der Civitas terrena auf die Civitas Dei hin vorzunehmen. Es ist leicht zu sehen, inwiefern sich der von Augustin als Strukturgesetz der Geschichte beschriebene Konflikt der beiden Civitates nun in konkreten geschichtlichen Erscheinungen verfestigt: Christliches Herrschertum und katholische Kirche stehen in Widerstreit miteinander. Diese Verfestigung ist darum problematisch, weil dem – sakralen – Herrschertum seine selbständige christliche Verantwortung abgesprochen werden muß und weil die empirisch auftretende Kirche ihrerseits nicht frei ist von herrscherlichen Interessen.

Luther hat diesen Konflikt in der Tradition auf doppelte Weise kritisch entflochten. Er hat, erstens, die Lehre von den zwei Regimenten als Kritik der Lehre von den zwei Schwertern vorgetragen.

»Darum muß man die beiden Regimente sorgfältig voneinander unterscheiden und beide bleiben lassen: eins, das fromm macht, das andere, das äußerlich Frieden schafft und den bösen Werken wehrt.«[61]

Gott allein führt das Regiment – aber auf doppelte Weise. Leiblich-rechtlich auf der einen Seite, also auch ohne Willenszustimmung sich durchsetzend; geistlich auf der anderen Seite, die Willenszustimmung mit einschließend. Gott führt zwar sein Regiment durch Menschen, doch auf dieser menschlichen Ebene kann es keine Einheit geben; das weltliche Regiment kann keinen

Glauben wecken, und das geistliche darf nicht herrschen wollen. Damit löst Luther das Bindeglied der einen, in sich selbst doppelgestaltigen Kirche auf, die zugleich geistlicher Hort und weltliche Macht zu sein beansprucht.

Luther hat, zweitens, die Lehre von den zwei Regimenten in den Kontext der Lehre von den zwei Reichen gestellt. Gott führt sein Regiment in beiden Reichen, aber auf unterschiedliche Weise. Im Reich der Welt, dem insofern keine schlechterdings widergöttliche Macht zukommen kann, kämpft Gott gegen den Teufel, indem er die Auswirkungen des Bösen begrenzt. Und Gott gewinnt Menschen für sein eigenes Reich, indem er sich gegen die bestimmende, verführende Macht des Teufels in den Herzen der Menschen durchsetzt.

Luther hat mit dieser Umbildung der klassischen politischen Ethik des Christentums zweierlei erreicht. Er hat einmal eine funktionale Differenz etabliert zwischen der Ebene freier Gewissensbildung und der notwendigen Macht gewaltbewehrten Rechtes. Und er hat andererseits die Funktionsdifferenz auf ein einheitliches Ziel hin ausgerichtet, sofern Gott selbst und Gott allein die Klammer um beide Aspekte bildet; eine Klammer freilich, die als solche nicht wie eine metaphysische Gegebenheit da ist, sondern die in der Koordination der Funktionsbereiche immer wieder gesucht und bewährt werden muß. Damit wird die christliche Ethik des Politischen von einer korporativ-sektoralen auf eine individuell-funktionale Orientierung umgestellt. Von »Kirche und Staat« im Sinne fest vorgegebener Größen zu reden, wie es im Protestantismus des 19. und frühen 20. Jahrhunderts üblich war, findet bei Luther keinen Anhalt. Denn ihm zufolge muß die Differenz der beiden »Regimente« im je eigenen Lebensvollzug der Christen eingeübt werden. Damit ist, über Luthers eigenes politisches Wahrnehmungsmuster hinaus, grundsätzlich eine demokratische Verantwortung des Politischen vorbereitet.

Ja, unter den gegenwärtigen Lebensbedingungen ist es vielleicht nicht überflüssig, auf die Unerläßlichkeit der orientierenden Kraft des Gewissens vor Gott hinzuweisen, die gerade für die Gestaltung des Politischen Bedeutung besitzt.

Diese Lektüre von Luthers politischer Ethik darf freilich nicht darüber hinwegtäuschen, daß ihr Entdeckungszusammenhang von weltanschaulichen Vorgaben mitbestimmt ist, die nicht die unseren sind. Sie finden ihren sprechendsten Ausdruck in der Rede vom Kampf zwischen Gott und Teufel, von dem Luther wie von einem mythologisch-personalen Geschehen reden kann. In dieser Redeweise meldet sich ein Grundzug apokalyptischen Weltverständnisses zurück. In der Tat sind Endzeiterwartungen auch im 15. und 16. Jahrhundert gehegt worden; das Bewußtsein des – auch individuell bevorstehenden – göttlichen Gerichtes hat sie motiviert. In diesem historischen Kontext ist Luthers eigene reformatorische Entdeckung ihm wie ein Signal vorgekommen, daß nun eine letzte entscheidende Etappe der Geschichte beginne. Der interne Dualismus von Glaube und Unglaube spiegelt sich im scheinbar externen Dualismus von Gott und Teufel. Ja, diese äußere Veranschaulichung ist geradezu der extremste Ausdruck des inneren Zwiespaltes. Luthers mythologische Redeweise läßt sich insofern entmythologisieren; das ist, über ihn hinaus, auch möglich und erlaubt. Denn der Sinn des Dualismus der religiösen Vorstellungen – Gott im Kampf mit dem Teufel – besteht in seiner Überwindung, in der Genese des Glaubens, der den Unglauben hinter sich gelassen hat.

Diese Differenzierung von geistlichem Sinn und weltanschaulichem Vorstellungsmaterial hat Luther jedoch nicht immer und nicht immer klar vorgenommen. Das kann man verstehen. Denn die geistliche Erfahrung von der unmittelbar befreienden Wirkung des Evangeliums hat ja tatsächlich beobachtbare geschichtliche Folgen gehabt; die Vorstellung eines direkten Wirkens Gottes in den Wandlungen der Geschichte liegt, so gesehen, nicht fern. Allerdings hat die Entdifferenzierung von Glaube und Geschichte auch erkennbar nachteilige Folgen besessen. Denn Luther war nicht davon frei, die dualen Mächte, durch deren Kampf er im Menschen den Glauben entstehen sah, seinerseits geschichtlich festzuschreiben. Daraus ergibt sich ein nahezu apokalyptisches Geschichtsbild, das jedoch darin auch wiederum gebrochen ist, daß es keineswegs immer überall Luthers Denken und Empfinden bestimmt. Das erst in unserem Jahrhundert erfundene und Luther in den Mund gelegte, weithin bekannte Wort vom Apfelbäumchen, das er zu pflanzen gedächte, auch wenn morgen die Welt unterginge, bringt jedenfalls insoweit Luthers Empfinden nicht ungeschickt zum Ausdruck, als in ihm mit einem Gegeneinander von erfüllter Gegenwart und bevorstehendem Weltende gerechnet wird. Dennoch haben Luthers apokalyptische Festlegungen des Reichs des Teufels in der Wirkungsgeschichte bisweilen seine bahnbrechende Leistung für die christliche Ethik des Politischen verdunkelt.

10. Jetzt und dann

Glaubensgerechtigkeit als Schlüssel zu Luthers evangelischer Apokalyptik

Der Historismus hat mit allem Nachdruck auf den Umstand verwiesen, daß Luthers Weltbild ein vormodernes war, dem nicht nur die uns gegenwärtig plausible Unterscheidung zwischen naturgesetzlich-rationalen und supranaturalen Hinsichten fehlte; überdies teilte Luther mit seiner Epoche ein starkes endzeitliches Bewußtsein, das den Untergang dieser Welt unmittelbar bevorstehen sah. Ja, man kann sagen, daß es gerade diese apokalyptische Haltung war, die jene Unterscheidung auszubilden hinderte. Fragt man nach den Motiven, die im ausgehenden 15. Jahrhundert zur Aktualisierung eines im Christentum natürlich stets mitlaufenden Bewußtseins vom Weltende führten, dann kommt das ausgeprägte und durch die kirchliche Bußkultur mit Fegefeuer und Ablaß geförderte Sünden- und Strafbewußtsein in Betracht. In dem Maße, wie das irdische Leben als schuldig und zur Vergänglichkeit bestimmt empfunden wird, rechnete man auch mit dem Hereinbrechen der jenseitigen Welt. Daß dabei die individuelle Furcht vor dem Tod als Eintritt ins Gericht Gottes und die allgemeine Befürchtung des Weltendes ineinander übergingen, liegt in der Natur der Sache.

Luthers reformatorische Erkenntnis, so haben wir im vierten Kapitel gesehen, bildete sich im Zusammenhang mit dem Bußwesen heraus. So wie sie aber in der Lage war, mit dem Bußverständnis auch die Auffassung vom Christentum überhaupt auf eine neue Ebene zu bringen, so vollzog sich auch eine Sinntransformation des apokalyptischen Weltbildes, die freilich nicht sogleich kenntlich wurde; fast schien sie umgekehrt zu einer Radikalisierung des apokalyptischen Dualismus zu führen. Inwiefern Luther den Erwartungskontext seiner Zeit zu teilen scheint, ihn aber neu akzentuiert, ohne dessen Grenzen zu durchbrechen, das ist das Thema dieses Kapitels. Auch diese evangelische Apokalyptik Luthers, wie ich sie nennen möchte, läßt sich vom Grundgedanken der Glaubensgerechtigkeit her verstehen.

Stellt der Glaube die Gerechtigkeit vor Gott dar, weil Gott selbst im Glauben gegenwärtig ist, dann ist damit die definitive Entscheidung über Gegenwart und Zukunft des Menschen getroffen. Gottes Entscheidung für den Menschen, die jetzt fällt, gilt für immer. Und umgekehrt: Das ewige Geschick des Menschen hängt am Jetzt, an dem Sicheinstellen des Glaubens. Damit ist einerseits der Zukunftsfurcht ihr Grund genommen; der Glaube treibt als Gewißheit über die Stellung Gottes zu uns die quälende Ungewißheit aus, die sonst bis zum »lieben jüngsten Tag« dauern müßte. Damit ändert sich grundsätzlich das Koordinatensystem für jegliche Erwartung eines Weltendes. Auf der anderen Seite aber besitzt die geschichtliche Wirklichkeit des Glaubens jetzt schon endgeschichtlichen Sinn; das apokalyptische Urteil Gottes wird in der Weltgeschichte gefällt. Dadurch gewinnt der geschichtliche Moment ein ewiges Gewicht. Nun aber in der Konstellation, daß diese letztgültige Beurteilung erst im Glauben, noch nicht in der sinnlich wahrnehmbaren Welt, ihre Evidenz besitzt. Insofern ist auch das apokalyptische Gewicht des Glaubens von der Art, daß es auf eine Zukunft der Anschaulichkeit verweist. Was im Glauben tatsächlich und de jure gilt, soll auch in die Erscheinung treten, also de facto Anerkennung finden. Das letzte Urteil Gottes ist ein geschichtlicher Vorgang; darum hinterläßt es Spuren, sowohl im individuellen Selbstbild des Menschen, der glaubt, als auch in seiner Beurteilung der Welt, in der er lebt.

Wie Luthers evangelische Apokalyptik aus diesem Bewußtsein des Glaubens heraus erwächst, läßt sich am besten anhand seiner Selbstbeurteilung nachzeichnen. [62]

Luther sah sich selbst als Menschen, der aus der Verzweiflung des mit eigener Anstrengung vermischten Glaubens zum Glauben als Gottes Selbstvergegenwärtigung hinübergerettet wurde. Diese doppelte Selbstwahrnehmung verbietet eine monomane, lineare Auffassung vom eigenen Selbst. Und dieser Luther abgenötigte Verzicht auf innere Lebenseinheit ist nicht nur eine intellektuelle Forderung, sondern schlägt durch bis ins Gefühlsleben. Luther, der über eine ausgebildete Introspektionsfähigkeit verfügte, erlebte sich selbst als tiefgründig zerrissen im Wirbel gegensätzlicher Gefühle; dabei sind es insbesondere die Extreme von Schwermut und Euphorie, die ihn umtreiben. Es macht gerade die in die eigene Leiblichkeit eingesenkte Tiefe der religiösen Selbstauffassung aus, daß sie sich in dem Schwanken von einander widerstrebenden Gefühlen bemerkbar macht. Allerdings begegnet man bei Luther auch dem eigentümlichen Umstand, daß diese Gefühlsschwankungen keineswegs eine Zerrissenheit der Person selbst zur Folge haben. Vielmehr sind sowohl Schwermut als Euphorie ihrerseits noch einmal von einem sie übersteigenden Gefühl der Gelassenheit begleitet. Dieses ist ein Reflex des – ebenfalls leibhaftig empfundenen – Glaubens.

Ein entsprechendes Bild zeigt sich, wenn man Luthers Urteil über sein Wirken in der Geschichte betrachtet. Auf der einen Seite nimmt er den prophetischen Gestus des Verkündigers ein, der die Wahrheit erkannt hat und der auch persönlich für sie einsteht; das ist gewissermaßen die herkulische Seite von Luthers Selbstbewußtsein. Auf der anderen Seite finden sich ebensoviele

Belege für tiefgreifende Selbstzweifel, die sich vor allem in der Frage bündeln, ob es denn sein könne, daß ausgerechnet er, Luther, als einziger in dem langen Lauf der Geschichte des Christentums zur Einsicht in die Wahrheit gelangt sei. Dazu tritt die ebenfalls bedrängende Frage, ob er die Verantwortung tragen könne, durch seine Verkündigung andere Menschen bewegt zu haben, es ihm gleichzutun. Eigentümlich für Luther ist auch in der Beurteilung seines geschichtlichen Verhaltens, daß es bei diesem Widerspruch nicht bleibt. Er verliert dadurch seine persönlichkeitsspaltende Kraft, daß sich Luther auch in seinem Tun in der Hand Gottes weiß, in der Gewißheit, daß er »Werkzeug Gottes« sei.

Deutlich ist dadurch dies: Luther sieht sich selbst nicht in der Lage, für eine Einheit seines aktiven Lebens einzustehen; es gibt gute Gründe, sich selbst und das eigene Handeln kontrovers zu beurteilen. Auf der anderen Seite aber läßt sich eine Entsprechung bemerken zwischen jenem stillen inneren Empfinden des Gottvertrauens, das die Basis der widerstreitenden Gefühle bildet, und dem Bewußtsein, auch im tätigen Leben von Gott bestimmt zu sein. Diese Konsonanz von innerem und äußerem Gottvertrauen ist das Abbild des Glaubens in Gefühl und Leben; freilich stets ein solches Abbild, das sich sogleich wieder in die Gegensätze der Selbstbeurteilung auseinanderlegt. Ausgeschlossen ist, daß die nur »weiche« Übereinstimmung von innerstem Lebensgrund im Gefühl und äußerer Lebenszuversicht im Handeln zu einem solchen Selbstbewußtsein wird, das sich von der auf Dauer gestellten Differenz im eigenen Leben meint dispensieren zu können. Glaube ist und bleibt auf Unterschied und Unterscheidung angewiesen.

Die Geschichtlichkeit dieses Glaubens spiegelt sich bei Luther freilich auch dort, wo er von sich selbst absieht und Geschichte deutet.

Luthers apokalyptische Sicht der Geschichte

Gottes Gerechtigkeit ereignet sich jetzt, nämlich im unverstellten Glauben, der an Gott selbst Anteil gewinnt. Dieser Vorgang ist ein geschichtlicher; er geschieht, erneut und mit zuvor ungekannter Klarheit, in der Reformation. Und er reicht auf den Grund der eigenen Lebensgeschichte hinab. Das ist Luthers Überzeugung. Die Glaubensgerechtigkeit aber realisiert sich im und als Widerspruch: Heil gegen Unheil, Gott gegen den Teufel. Auch das ist ein geschichtlicher Kampf, und darum treten in ihm die Repräsentanten, die Gottes Sieg verhindern wollen, auch in historisch fixierter Gestalt auf. Dieser Gedanke Luthers steht in einer breiten Traditionsgeschichte.

Die Grundstruktur des Heils, das sich geschichtlich gegen das Unheil durchsetzt, hat festen Anhalt an der Bibel. Auch dort ist es Gottes Selbstvergegenwärtigung im Glauben, die sich gegen die Sünde durchsetzt und den Unglauben vertreibt. Und ebenfalls in der Bibel finden sich personale Repräsentanten des Widerstandes gegen Gott benannt, insbesondere die mythische Gestalt des Teufels als die übermenschliche Macht, die im Bösen wirksam ist. Entscheidend aber kommt es auf die von dieser Macht besessenen Menschen an. Mit ihnen verhält es sich freilich nicht so eindeutig, wie das duale Schema nahelegt. Zwar findet sich im Alten Testament die Identifizierung der Gottesfeinde mit den Feinden Israels; viel entscheidender aber ist die – prophetische – Aufdeckung des Widerspruchs Israels selbst gegen seinen Gott. Und Analoges ist im Neuen Testament zu beobachten. Es können, in unterschiedlichen Kontexten, »die Juden« oder »die Heiden« als Personifikationen des Widerstandes gegen Gott genannt werden. Aber hier zumal wird deutlich, daß ja das Volk der Christen selbst nirgendwo anders herkommt als aus einer sei es jüdischen, sei es heidnischen Vergangenheit. Paulus hat das in den ersten drei

Kapiteln des Römerbriefes vehement klargestellt: Die Identifikation mit dem »Gottesfeind« ist vor allem eine Selbstqualifikation der Christen, die je eigene Gottesfeindschaft wird nur durch Gott selbst überwunden. Damit ist der mythologisch-duale Gegensatz von Gott und Teufel zur Beschreibung einer von uns Menschen unbeherrschbaren anthropologisch-existentialen Struktur geworden.

Dieses biblische Grundmuster des Gegensatzes ist in der Geschichte der Kirche und der Theologie immer auch historisch fixiert und damit veräußerlicht worden. Bei Augustin ließ sich erkennen, daß er mit einem weltgeschichtlich unüberwindbaren Widerstand gegen das Christentum rechnete. Das ist eines der Deutungsmomente, denen sich seine Lehre von den zwei Reichen widmete; Widerstand galt als ein innergeschichtliches Strukturmoment. Bei Bernhard von Clairvaux etwa, dem großen Prediger der mönchischen Reform im 12. Jahrhundert, findet sich dieser strukturelle Dualismus verlaufsförmig zugespitzt: Die Gegnerschaft gegen Gottes Evangelium nimmt in dem Maße zu, in dem es erfolgreich verkündet wird.

Bei Luther verbindet sich jener biblische Dualismus mit dieser Form spekulativer Apokalyptik auf dem Hintergrund der in der Bußfrömmigkeit zur Ausbildung gekommenen Einsicht in die Gottesgerechtigkeit im Glauben. Das ist nicht nur eine persönliche Eigenart Luthers. Die historische Verortung des Bösen ist vielmehr auch der noch unaufgelösten Doppelheit in Luthers Bibelverständnis geschuldet, die zwischen historischer Direktheit und geistlicher Unmittelbarkeit nicht unterschied. Dieser Differenzierungsmangel bringt ihn dazu, den Papst, die Türken, die Juden, zeitweise auch die aufständischen Bauern als geschichtliche Erscheinungen des Teufels zu bezeichnen.

Wie wenig jedoch mit dieser Bezeichnung definitive Festlegungen getroffen werden – so als ergäben sich diese in gerader

Konsequenz aus dem reformatorischen Verständnis des Evangeliums oder des Wortes Gottes selbst –, zeigt sich bereits daran, daß Luther die Akzente im Lauf der Reformationsgeschichte unterschiedlich setzt. In der Anfangszeit der Reformation, zwischen 1519 und 1522, hegt er die Hoffnung auf eine Selbstbehauptung der neuen Frömmigkeit – gegen den Widerstand der altgläubigen katholischen Kirche. So kommt hier zunächst die Papstkirche als Werkzeug des Bösen in den Blick. Die kirchliche Konsolidierung der reformatorischen Bewegung in den Jahren von 1523 bis 1529 lenkt von dieser Ausrichtung eher fort und läßt das Vordringen der Türken und im Jahr 1525 den Aufstand der Bauern in den Vordergrund treten. Eine dritte Phase reicht von der Verfestigung der Gegensätze auf dem Augsburger Reichstag von 1530 bis zu Luthers Lebensende 1546; hier scheint der Widerstand gegen die Reformation und die von ihr vertretene Wahrheit des Evangeliums in Luthers Augen dramatisch zu wachsen; die zwei Kräfte dieser Gegenbewegung, Papstkirche und Türken, werden schließlich in einem apokalyptischen Szenario durch die Juden angereichert. Was jedoch in diesem dualistischen Schema zusammengezwungen wird, ist unter sich deutlich zu unterscheiden.

Bis in die jüngste Zeit hinein ist es als erhebliche Belastung der ökumenischen Beziehungen zwischen Lutheranern und Katholiken angesehen worden, daß Luther den Papst als »Antichrist« bezeichnet hat. Um diese inzwischen von den Lutheranern offiziell zurückgenommene Kennzeichnung einordnen zu können, gilt es zu verstehen, daß sich darin nicht etwa ein ungezügelter Affekt Luthers ausspricht, auch keine moralische Disqualifizierung gemeint ist, sondern eben: apokalyptische Geschichtsdeutung. Luther hat diese Bezeichnung übrigens nicht erfunden; bereits im 13. Jahrhundert haben radikale Spiritualisten aus dem Umkreis des Joachim von Fiore – ebenfalls im Zusammenhang spekulativer Endgeschichtsdeutung – diese Identifikation vorgenommen. Luther sah sich aus anderen Gründen dazu gedrängt.

Seine Deutung des Papstes – also des gegen den Sinn des Evangeliums wahrgenommenen Amtes, nicht der individuellen Person – als Antichrist beginnt, zunächst noch im Status einer Vermutung, bereits in den Jahren 1518/1519, nämlich nach seinem Verhör durch Kardinal Cajetan am Rande des Augsburger Reichstages von 1518. Cajetan, zweifellos der fähigste Theologe der Kurie jener Zeit, hatte bei dieser Anhörung Luthers den religiösen Ernst des Augustinermönchs gespürt; er hatte aber auch sehr genau bemerkt, daß die Konsequenz aus den Gedanken Luthers auf eine Umwälzung der hergebrachten Kirche hinauslaufen müsse. In dieser Situation forderte Cajetan von Luther einen schlichten Widerruf seiner Auffassungen; das heißt, er setzte in dem Konflikt ganz auf die kirchliche Macht. Luther hat nun seinerseits dies genau wahrgenommen, und er hat den Zwiespalt zwischen kirchlichem Machtanspruch und geistlicher Einsicht – zutreffenderweise – als Versuch empfunden, die Wahrheit nicht laut werden zu lassen. In der Kirche selbst, ja, durch das Oberhaupt der Kirche wird die eigentliche kirchliche Wahrheit unterdrückt: Aus diesem Verständnis der Augsburger Unterredung von 1518 erwächst der Eindruck, der Feind der Kirche habe sich der Kirche selbst bemächtigt. Ungeschminkt hat Luther sich zu dieser Sicht dann bekannt, als er durch das kirchliche Recht mit dem Bann belegt wurde; denn hier hatte die kuriale Macht ihre Grenze überschritten.

Luthers Kennzeichnung des Papstes als Antichrist geht also darauf zurück, daß der Papst weltliche Macht zur Erreichung eines geistlichen Zieles, nämlich der Einheit der Kirche, einzusetzen versucht. Damit erweist er sich als Feind des Reiches Gottes, das Gott allein durch die Überzeugungskraft des Evangeliums aufbaut. Folglich liegt der Schluß nahe, daß der Papst im Dienst des Teufels steht. Denn wer mit Gewalt im geistlichen Reich tätig sein will, unterwirft dieses der Logik der Macht und ihren innerweltlichen Kämpfen um Vorherrschaft. In der Gestalt des Papstes – der so zu handeln in der Lage ist – hat der Teufel die Kirche besetzt; es handelt sich tatsächlich um den Antichristen.

Derselbe Vorwurf gilt umgekehrt den aufständischen Bauern im Jahr 1525. Die Bauern hatten Luthers Proklamation der Freiheit eines Christenmenschen aufgegriffen und sie als Hintergrund für ihren Kampf gegen die Einschränkung ihrer alten Rechte durch die »modernen« Landesherrn verwendet. Weil ihr Konflikt – der ein Kampf zwischen hergebrachten Gemeinrechten und neuem Machtanspruch feudaler Art ist – als ursprünglich sozialer verstanden werden muß, kommen die theologischen Auffassungen lediglich als Bestätigungen und Verstärkungen hinzu; das heißt, sie werden bereits in einem gegebenen sozialen Kontext interpretiert. Damit wird von vornherein die theologische Differenzierung, die Luther mit seiner Lehre von der Freiheit – und entsprechend von den zwei Regimenten – im Sinne hatte, unterlaufen. Luthers anfängliche Reaktion auf die Zwölf Artikel der schwäbischen Bauern ist bereits von dieser Verschiebung mitbestimmt, wie seine *Vermahnung zum Frieden auf die zwölf Artikel der Bauernschaft* (1525) zeigt.[63] Luther versucht, das Unrecht der expandierenden Obrigkeiten ebenso wie das Unrecht der aufständischen Bauern beim Namen nennend, für eine Unterscheidung zu sorgen, die den Bauern das Recht auf religiöse Selbstbestimmung zugesteht, aber die daraus gezogenen sozialrevolutionären Konsequenzen ablehnt. Dies deshalb, weil sonst das Evangelium, auf die Freiheit aller (!) Gewissen bezogen, zu einem notwendigerweise partikularen Instrument im Kampf um die Macht wird. Wenn es denn eine soziale Veränderung geben sollte – Luther selbst ist zu sehr der herkömmlichen Ordnung verpflichtet, um sich das vorstellen zu können –, dann müßte sie ohne Inanspruchnahme letzter, verbindlicher Gewißheit vor sich gehen. Das Evangelium in Luthers Verständnis führt zu einer intentionalen Entflechtung von Religion und Politik und fordert damit prinzipiell eine Entideologisierung gesellschaftlicher und politischer Entwicklungen.

Luthers *Vermahnung* hat die Bauern nicht mehr erreicht; die Aufstände in Schwaben und Thüringen hatten bereits begonnen. In dieser Situation hat Luther der dritten Auflage dieser Schrift einen Appell angefügt, der die Obrigkeiten dazu ermutigt, den Kampf mit den Bauern aufzunehmen und bis zum bitteren Ende durchzufechten.[64] Im Kontext gelesen, muß man die oft zitierten Äußerungen Luthers, die zum Stechen, Schlagen, Würgen auffordern, als Versuch verstehen, die Unterscheidung von weltlichem und geistlichem Regiment, also die Differenz von Rechtsbzw. Machtordnung und Evangelium wiederherzustellen. Darum hat er an gleicher Stelle die Fürsten vor Racheakten gegen die Aufständischen gewarnt. Darum hat er auch den Einigungsversuch zwischen dem Schwäbischen Bund und den oberdeutschen Bauern als vorbildlich empfunden und den Text des Vertrages, durch kommentierende Bemerkungen begleitet, publizistisch verbreiten lassen.[65] Nur wenn man Luthers – in der Tat drastische – Formulierungen aus diesem Zusammenhang löst, kann man sie als zynische Obrigkeitsdienerei mißverstehen.[66] Daß die Lage im Jahr 1525 von den Betroffenen, vor allem in Thüringen, als apokalyptischer Entscheidungskampf aufgefaßt wurde, belegen nicht zuletzt auch die Äußerungen Thomas Müntzers, der als theologischer Inspirator der Thüringer Bauern gelten kann.

Bauern und Türken gehören insofern zusammen, als bei beiden eine Hineinziehung des geistlichen ins weltliche Regiment stattfindet. Sie unterscheiden sich aber dadurch voneinander, daß die Türken eine die Christenheit von außen durch eine andere Rechtsordnung bedrohende Macht darstellen, während die Bauern – darin gefährlicher – für inneren Aufruhr, also den Zerfall der Rechtsordnung überhaupt, stehen. Anders aber als das kurzfristige Aufflammen des Bauernkriegs hat die Türkengefahr Luther und seine Zeitgenossen über einen längeren Zeitraum beschäftigt.[67] Im Jahr 1526 wurde der junge ungarische König Ludwig II. bei Mohács vom Heer Suleimans II. (1520-1566) geschlagen, im Jahr 1529 wurde Wien belagert, im Jahr 1541 standen die Türken wieder in Ungarn. Die Koordinierung der Kräfte gegen die türkische Expansion machte einen großen Teil der Anstrengungen aus, die Kaiser Karl V. zum Zusammenhalt des Reiches unternahm. Vor dem Hintergrund seiner Unterscheidung der Regimente hat sich Luther schon 1518 gegen die Idee eines Kreuzzuges gegen die Türken ausgesprochen; und einer seiner diesbezüglichen Sätze gehörte denn auch in die Liste der theologischen Irrtümer, die seinen Kirchenbann begründeten. Luthers grundsätzliche Haltung, die er später, in seiner *Vermahnung zum Gebet wider den Türken*[68], ausführlicher ausgesprochen hat, war – auch hier – in einer theologischen Geschichtsdeutung gegründet. Er sah in dem türkischen Vordringen einen Anlaß zur Buße der Christenheit. Denn offenbar war der Zustand des christlichen Abendlandes keineswegs gut; sonst hätte Gott das Herankommen der Türken nicht geduldet. Es droht also die Vernichtung – aus dem Grund der eigenen Sünde. Das ist sozusagen der geistliche Sinn dieser geschichtlichen Ereignisse. Und er wird sachgemäß wahrgenommen, wenn es zu einer Umkehr der Herzen, also zu einer Besinnung auf das Evangelium mit den aus ihm erwachsenden Folgen kommt.

Dieser geistliche Sinn muß jedoch von dem weltlichen Vorgehen unterschieden werden. Denn daß die Expansion des Osmanenreiches einer rechtlichen Grundlage entbehrt, ist für Luther außer allem Zweifel. Daher besitzt das weltliche Regiment nicht nur das Recht, sondern auch die Pflicht, der drohenden Tyrannei durch die fremde Macht zu widerstehen. Insbesondere deshalb, weil vom Türkenreich, dem Islam konform, die evangelische Unterscheidung der Regimente nicht anerkannt wird. Die Niederlage gegen die Türken müßte sich also auch als Hemmung der klaren Erkenntnis von der Eigenart des geistlichen Regimentes auswirken. Unter Umständen kann genau das Gottes Wille sein – aber ob dies tatsächlich der Fall ist, kommt erst dann heraus, wenn die Abwehr gegen den türkischen Vormarsch versucht worden ist. Allerdings stellt einen diese Verteidigung dann auch vor die Frage, ob der politische Zustand des Reiches von der Art ist, daß es verteidigenswert ist. Das heißt umgekehrt: Eine Besserung der rechtlich-politischen Zustände im Reich impliziert eine höhere Verteidigungswürdigkeit. Auf dieser Spur haben die protestantischen Stände denn auch – diesbezüglich freilich gegen Luthers eigene Intentionen – den Schluß gezogen, die Gefolgschaft gegen die Türken mit Konzessionen des Kaisers hinsichtlich der Religionsfrage zu verknüpfen.

Zum apokalyptischen Szenario hat sich die Türkenfrage insbesondere immer dann verdichtet, wenn die Gefahr näherrückte. Da können dann Papst und Türken beide als »die letzten zwei Greuel und ›Gottes Zorn‹ (Offenbarung 15, 1), wie sie die Apokalypse nennt« [69], bezeichnet werden. Davon relativ unabhängig ist das – bemerkenswerte – Bemühen Luthers, für eine Kenntnis des Koran durch die Förderung des Drucks einer Übersetzung zu sorgen, der tatsächlich dank seiner energischen Fürsprache im Jahr 1543 in Basel erfolgte. [70] Denn die Lektüre des Koran – der darüber seinen Mythos der Unübersetzbarkeit verlöre – würde den Christen klarmachen, daß hier eigentlich gar keine ernste Religion vorliege, sondern ein religiöses Vernunftsystem, das natürlich auch infolge dieses Umstandes vom Reich Gottes und von der Unterscheidung der Regimente nichts wissen könne. Diese Doppelung von apokalyptischer Endzeitstimmung angesichts der nach Mitteleuropa vordringenden Türken und rationaler Kenntnisnahme des Koran zeigt freilich, wie gebrochen Luthers evangelische Apokalyptik ist und wie weit sie von der Einheitlichkeit eines zwanghaft-geschlossenen Weltbildes entfernt bleibt.

Luthers Verhältnis zu den Juden hat nach den deutschen Massenmorden an den Juden Mittel- und Osteuropas besondere Aufmerksamkeit gefunden. Fast hat es sich zu einem Stereotyp verdichtet, daß die Wurzeln des nationalsozialistischen Antisemitismus bis auf Luther zurückgingen. Der historische Sachverhalt ist ein anderer. Wenn man sich ihn vor Augen führt, dann erklärt sich freilich auch, warum man sich im Nationalsozialismus auf Luther meinte berufen zu sollen und warum uns Nachgeborenen gerade dies besonders anstößig ist.

Für das historische Verstehen ist es zunächst nötig, auf das Umfeld des spätmittelalterlichen Antijudaismus zu achten, der im Unterschied zum Antisemitismus des 19. und 20. Jahrhunderts nicht über biologistisch-»rassische« Anschauungen lief. Statt dessen verknüpften sich sozialpsychologische Funktionen der Projektion innerer Bosheit oder Bedrohung nach außen (»Sündenbock«) mit der sozialökonomischen Stellung einiger weniger Juden in Handel und Gewerbe (»Wucher«) und mit tiefsitzenden religiösen Vorurteilen (»Heilandsmörder«) zu kriminellen Gerüchten (»Brunnenvergiftung«, »Kindesmord«, »Hostienfrevel«) und zum geradezu rituellen Begängnis von antijüdischen Pogromen, etwa im Zusammenhang von Wallfahrten (z. B. in Regensburg oder Deggendorf – »Deggendorfer Gnad«). Diese antijüdische Grundstimmung war nicht nur im ungebildeten Volk verbreitet; auch Theologen wie Luthers katholischer Hauptgegner, Johannes Eck, ja sogar Hebraisten wie Johannes Reuchlin vertraten auf sublime Weise diese Haltung, indem sie vor die Alternative stellten: Besserung oder Vertreibung.[71] In Luthers anfänglicher Wahrnehmung der Juden fehlten diese Töne. [72] Das kam daher, daß Luther die »Juden« im Evangelium so auszulegen gelernt hatte, wie es der biblische Dualismus verlangt: als Typus der eigenen Sünde. Daher entfiel die Möglichkeit, die eigene innere Bosheit nach außen zu verlagern und auf die Juden zu projizieren.

Weil Luther jedoch der Auffassung war, daß die reformatorische Lehre den wahren Sinn der Bibel vollends ans Licht gebracht habe, war er auch der Überzeugung, daß es für die Juden nun keinen Hinderungsgrund mehr gebe, die Geschichte Jesu als Erfüllung der Geschichte ihres Volkes zu verstehen und also zum Christentum sich zu bekehren. Luther war sogar der Meinung, die strenge Folgerichtigkeit des Christentums aus dem Judentum könne am Wortlaut der Bibel nachgewiesen werden. Das ist, über den konkreten Anlaß hinausgehend [73], der Tenor der Schrift von 1523, *Daß Jesus Christus ein geborener Jude sei* [74].

Allerdings sah sich Luther in seiner Hoffnung enttäuscht. Denn er realisierte nicht, daß seine christlich-existentiale Interpretation der »Juden« im Neuen Testament bereits eine Distanzierung der gegenwärtig lebenden Juden vom eigenen Judesein in Anspruch nahm, die einer Bekehrung zum Christsein gleichkam. Oder anders gesagt: Er hat seine christliche Interpretation der Bibel umstandslos als eine auch historisch korrekte Auslegung aufgefaßt; hier zeigt sich wieder, daß diese Unterscheidung von Luther nicht immer konsequent angewandt wurde. Wenn es sich aber nun herausstellte, daß auch der – vermeintlich – argumentativ schlüssige Nachweis, der christliche Glaube sei die Erfüllung seiner jüdischen Vorgeschichte, nicht überzeugte, dann, so schloß Luther, war es die überpersönliche Macht des Teufels, die diesen Widerstand motivierte.

Diese Schlußfolgerung blieb so lange unausgesprochen und ohne Konsequenzen, wie man darauf hoffen konnte, ebendieser

Widerstand werde, Zug um Zug, überwunden. Als jedoch der Eindruck sich verdichtete, daß er sich als akuter, möglicherweise selbst missionarisch auftretender Widerspruch laut artikulierte, legte das die Annahme nahe, der Teufel habe seinen Angriff auf die Wahrheit des Evangeliums endgeschichtlich intensiviert. Und das galt vor allem, wenn auch sonst die Zeichen der Endzeit sich häuften: der Angriff der Papstkirche auf die Reformation, das Hereindrängen der Türken ins christliche Abendland. Auch hier lag wieder eine durch die biblisch-apokalyptischen Bilder und eine lange Tradition geprägte Möglichkeit bereit, diese Mächte zu einer antichristlichen Trias auszubauen, also: die Juden unter das »Satansvolk« zu rechnen. In der Tat waren es Gerüchte einer jüdischen Gegenmission, die Luther zu diesem Eindruck brachten; dazu kam die Eigentümlichkeit, daß sich gewisse Nähen zwischen spiritualistisch-mystischen Seitenzweigen der Reformation und jüdischem Schriftverständnis aufbauten – auch dies für Luther eine Nötigung zur Intervention.

Vor diesem Hintergrund entstand 1543 Luthers härteste Schrift gegen die Juden, *Von den Juden und ihren Lügen*.[75] Auch in ihr geht es zunächst um Theologie; nämlich um die Rechtmäßigkeit der christlichen Inanspruchnahme der Weissagungen des Alten Testamentes für Christus – und umgekehrt um die Unschlüssigkeit der Begründung des gegenwärtigen Judentums durch das Alte Testament. Das ist insoweit eine Wiederholung der zwanzig Jahre älteren Position. Was nun aber hinzutritt, ist die apokalyptische Verschärfung. Wenn die Juden nun immer noch nicht bereit sind, sich zu bekehren, ja sogar Christen für sich zu gewinnen suchen, dann sollen sie jetzt, da das Ende naht, nicht länger in der Lage sein, ihre Lehren unter den Christen zu verbreiten und so diese unter Umständen ins letzte Verderben zu ziehen. Daher empfiehlt Luther der Obrigkeit eine äußerst restriktive Politik gegenüber den Juden, die bis zur Zerstörung der

Synagogen und zur Ausweisung der Unbekehrten geht. Allerdings auch dies stets mit dem unaufgehobenen Vorbehalt, daß es wichtiger ist, den Juden zur Bekehrung zu verhelfen. Im Zusammenhang des Eindrucks, nun mobilisiere sich der letzte Widerstand des Teufels gegen das Hereinbrechen von Gottes Reich auch vermittels der Juden, benutzt Luther dann ohne Rücksicht Kompendien, die der spätmittelalterliche Antijudaismus für die Judenpolemik und die Judenpogrome bereitgestellt hat; auf alle – für Luther zuvor unerheblichen – Vorwürfe greift er nun, im endzeitlichen Horizont, zurück. Freilich haben Luthers Vorschläge für eine repressive obrigkeitliche Politik gegenüber den Juden – außer in Ansätzen im Kurfürstentum Sachsen – wenig Widerhall gefunden. Das hat nicht mit einer etwa vorhandenen Aufgeklärtheit der Fürsten zu tun, sondern mit finanziellen Interessen: Die Fürsten ließen sich ihre »Judentoleranz«, wo es sie gab, von diesen teuer bezahlen.

Obwohl Luther, von seinen theologischen Voraussetzungen einer existentialen und nicht historisch-politischen Auslegung der »Juden« her, zu einer solchen Differenzierung grundsätzlich in der Lage gewesen wäre, hat ihn seine Erwartung des apokalyptischen Weltendes dazu nicht gelangen lassen: Er ist, wenn auch mit dem Vorbehalt der Bekehrung, sogar zu den traditionellen Polemiken gegen die Juden zurückgekehrt. Von der Rekonstruktion der Spannung in Luthers Stellungnahmen aus ist es naheliegend, seine Inkonsequenz zu kritisieren. Gerade weil man es aufgrund seiner theologischen Ausgangspunkte nicht erwarten kann, ist Luther in seinem Verhältnis zu den Juden besonders anzugreifen. Das erklärt in einem ersten Blick, warum gerade er als Sprachrohr des »Antisemitismus« gesehen wird; ein zweiter Aspekt kommt hinzu: der der nationalen Rückprojektion »deutschen Wesens« auf Luther. Diese hat nicht nur dort vorgelegen, wo man sich seiner judenfeindlichen Äußerungen zum Zwecke der Legitimation nationalsozialistischer Propaganda bediente; sie ist auch da noch zu finden, wo man in kritischer Absicht einen angeblich spezifisch deutschen Antisemitismus begründend mit Luther in Verbindung bringt. Diese Verbindung nach beiden Seiten hin aufzulösen ist ein Gebot historischer Genauigkeit. Denn weder hat Luthers – im zeitgeschichtlichen Maße unauffällige – Judenpolemik eine erkennbare, spezifisch mentalitätsprägende Wirkung besessen, noch hat sich der nationalsozialistische Biologismus selbst daraus gespeist; im Nationalsozialismus hat man sich Luthers Äußerungen erst nach der Zerstörung der deutschen Demokratie bemächtigt. Statt dessen weist die Stellung Luthers zu den Juden auf ein anderes Problem: auf das der Berechtigung einer evangelischen Apokalyptik, also auf die Versuchung, den Gegensatz Gottes gegen die Sünde historisch-empirisch festzuschreiben.

Das Problem einer evangelischen Apokalyptik

Bei dieser Frage handelt es sich nicht nur um einen auf die Person Luthers und ihre individuelle Prägung verrechenbaren kontingenten Charakterzug, sondern um die Weltbildabhängigkeit der Reformation und, darüber hinaus, um ein sachliches Problem der reformatorischen Lehre überhaupt. Den Ausgangspunkt bildet, um noch einmal daran zu erinnern, die Erfahrung, daß Gottes Gerechtigkeit im Glauben besteht; in dem doppelten Sinne, daß darin der Mensch vor Gott gerecht, sein Leben anerkannt und in letzter Gewißheit geführt wird – und daß darin Gott selbst sein sich mitteilendes Wesen, seine geschichtliche Präsenz in der Welt besitzt. Das Ewige, so könnte man es auch sagen, wird im Glauben geschichtlich, so wie es in Jesus Christus und seiner Geschichte grundgelegt ist. Die Letztgültigkeit des Glaubens als geschichtliches Erleben trägt insofern einen apokalyptisch-endge-schichtlichen Grundzug: Was sich jetzt ereignet, gilt für immer, sogar über ein mögliches Ende der Welt hinaus. Diese Unmittel-barkeit des Glaubens wird durch keine kirchliche Institution ge-mildert und gebremst.

Dieser Gehalt des Glaubens hat sich da, wo er zuerst deutlich artikuliert wurde, nämlich in Luthers Theologie, in einem histori-schen Kontext aufgebaut, der für endgeschichtliche Spekulation nicht unanfällig war. Luther hat diese Tendenz sogar noch aus ei-genem Antrieb verstärkt. Denn die Entdeckung des Glaubens aus der Verläßlichkeit der Bibel als Wort Gottes konnte ihn bisweilen zu einem nicht unproblematischen Biblizismus verleiten, der sich seiner weltanschaulichen Grenzen kaum inne wurde. Das ist die Basis für die innerevangelische Anverwandlung der apokalypti-schen Vorstellungen. Nun läßt sich aber die Inkonsequenz dieser Auslegungsform des Evangeliums kritisch nachweisen; in der ar-gumentativen Abfolge dieses Kapitels wurde es versucht, und nun sind daraus die Konsequenzen zu ziehen.

Es zeigte sich ja, daß das spezifische Entdeckungsmedium für die reformatorische Einsicht das Verhältnis von – bibelvermittel-tem – Wort Gottes und Glaube ist, also eine Neuorientierung der eigenen Selbstdeutung aufgrund des Bewußtseins, vor Gott zu stehen. Das spiegelte sich auch im Gefühlsleben und der Selbst-beurteilung des geschichtlichen Wirkens Luthers. Eigentümlich ist nun aber, daß die Ambivalenzen des Gefühls und der Selbst-bewertung nur individuell, nämlich im Glauben, zu einer beide tragenden Lösung gelangen. Der Glaube, so muß man das verste-hen, ist das einzige Gegenüber zu Gott, in dem Gottes Wirken wahrgenommen werden kann. Genau dieser Gedanke verbietet es aber, Gottes überwindenden Kampf gegen das Böse in die Ge-schichte zu projizieren; zumal auf eine solche Art, daß Personifi-kationen des Bösen vorgenommen werden, die identifizierenden

Charakter besitzen. Und dies aus zwei Gründen. Wer so urteilen wollte, müßte einmal, im Bewußtsein rechten eigenen Glaubens, sich selbst an Gottes Stelle setzen – würde damit aber die Richtigkeit seines Glaubens eben einbüßen. Anders gesagt: Das evangelische Glaubensbewußtsein verbietet eine spekulative Geschichtsphilosophie; auch und erst recht dann, wenn sie sich auf das Kommen von Gottes Reich bzw. das Weltende nach Gottes Ratschluß meint beziehen zu sollen. Das zweite Argument lautet, daß die Annahme eines Kampfes zwischen Gott und dem Bösen oder dem Teufel vom Glauben selbst nur gebildet werden kann auf dem Hintergrund des Sieges des Glaubens, der sich ja in dieser Annahme schon eingestellt hat. Für das Bewußtsein des Glaubens bleibt die Geschichte der Welt das Medium der Anfechtung, ob denn der Glaube auch weltgeschichtlich wahr ist; und zur Geschichte der Welt gehört auch die Geschichte des eigenen weltlichen Lebens. Erst da kann es überhaupt zur Anfechtung kommen, wo von dem Glauben begründenden, das Böse überwindenden Sieg Gottes gewußt wird.

Die von Luther nicht immer vermiedenen, ja in seinen letzten Lebensjahren verstärkt behaupteten Identifikationen sind einem – weltanschaulich mitbedingten – Unterscheidungsmangel zu zurechnen, der, ausgehend von seinen theologischen Grunddistinktionen selbst, korrigiert werden kann. Dazu freilich ist die Folgegeschichte der Reformation so nötig wie ihr Anfang. Und dazu ist auch die je eigene Übung im Unterscheiden unerläßlich.

11. Martin Luther, der evangelische Glaube und die Kultur der Unterschiede

Martin Luther als Theologe der Unterscheidung

In den vorangegangenen Kapiteln wurde Luther als Theologe der Unterscheidung gedeutet. Im Ausgang von Begriff und Sache der Glaubensgerechtigkeit wurde gezeigt, wie die Stellung des Menschen vor Gott, die Luther einzunehmen lernte, durch eine Serie von Differenzen gekennzeichnet ist. Luthers Unterscheidungen kreisen um einen theologisch zu bestimmenden Mittelpunkt, dem ein aktualer Charakter eignet. An diesen Ort »vor Gott« sieht Luther sich gestellt, indem er das Wort der Bibel direkt auf sich wirken läßt. In der Sprache der Bibel begegnet ihm der Anspruch Gottes auf ein regelhaftes, selbstverantwortetes menschliches Leben; eine Forderung, die er als »Gesetz« bezeichnet. Und es begegnet ihm der Zuspruch Gottes, nach dem Gott selbst bedingungslos für den Menschen da ist; eine Verheißung, die den Namen »Evangelium« trägt. Luther hat, anders als der Hauptstrom der theologischen Tradition vor ihm, die Position des Menschen »vor« Gott und das Sein Gottes »für« den Menschen so aufeinander bezogen, daß beides nicht in einer durch den Lebenslauf vermittelten Kontinuität aneinander anschließt oder sich ergänzt, sondern auf scheinbar widersprüchliche Weise zugleich gilt. Die Einheit dieses Widerspruchs kommt in der Gestalt Jesu Christi an den Tag, und allein in seiner Geschichte wird er so ausgetragen, daß das menschliche Leben unter der Spannung des Gegensatzes nicht zerreißt. Die subjektive Wahrnehmung dieser in Jesus Christus sich ereignenden Gegensatzeinheit ist der Glaube; genau und allein in diesem Sinn ist er das den Menschen tragende Vertrauen zu Gott. Denn der Glaube nimmt Gott so, wie er in Jesus Christus gegenwärtig ist: als Gott für den Menschen, der den Gegensatz des Menschen gegen ihn überwindet, um ihm an seinem eigenen Leben Anteil zu geben. Der Glaube besitzt gerade darin rettende Funktion, daß er Gott »an sich« hinter sich, also den schlechthin verborgenen Gott verborgen bleiben läßt. Dieses Verborgenseinlassen Gottes geht einher mit dem Bewußtsein, daß nichts in der Welt ohne Gott geschieht. Noch das Böse zehrt von Gott; doch wird dessen Übermacht dadurch verhindert, daß Gott ihm widersteht.

Der Glaube, der sich in dieser Weise gründlich auf Gott verläßt, führt die Unterscheidung zur Welt eigenen Handelns herauf. So gewiß der Widerspruch zwischen Forderung und Verheißung Gottes nicht im menschlichen Leben vom Menschen selbst zu überwinden ist, so gewiß muß unterschieden werden zwischen dem Bereich verantwortungsbedürftigen Handelns und der Unbegründbarkeit des Handlungssubjektes. Ja, gerade durch die Unterscheidung des Glaubens wird diese Differenz durchgreifend statuiert. Menschliches Handeln ist und bleibt auf die handelnde Person rückbezüglich; die Person des Handelnden aber entsteht nicht im Vollzug von Handlungen, sondern ist diesem immer schon vorausgesetzt. Für diese Voraussetzung gilt nun aber, daß sie entweder unmittelbar erfolgt, also durch direkte Selbstbezüglichkeit gekennzeichnet ist, oder durch die Gottesbeziehung des Glaubens, das Gottvertrauen, gestiftet wird. Sollte die erste Seite der Alternative zutreffen, dann ist jedoch diese Art der Voraussetzung von einem Selbstgewinn durch Handeln nicht schlüssig zu unterscheiden. Allein der Glaube also bringt die für ein von abstrakten Selbstverwirklichungsimperativen entlastetes Handeln erforderliche Voraussetzung zu dauerhaftem Bestand.

Dieser anthropologischen Differenzierung entspricht die Unterscheidung von Kirche und Welt. Im menschlichen Leben muß ja der Glaube geweckt werden; die Kirche oder das Volk Gottes ist aber diejenige menschliche Instanz, in der sich das Wort Gottes als Gottes Selbstmitteilung zur Wirkung bringt. In der Kirche muß folglich auch unterschieden werden zwischen der auftragsgemäßen Verkündigung im Wort der Predigt und im »sichtbaren Wort« des Sakraments und dem Ziel der Verkündigung, nämlich dem sich einstellenden Glauben. Von der Art und Weise, wie Gott sich durch sein Wort bekannt macht, ist die Art und Weise zu unterscheiden, wie er in der Welt dem Bösen wehrt. Auch dies, so lautet die im Glauben sich einstellende Überzeugung, geschieht durch auftragsgemäßes menschliches Handeln, nämlich durch machtbewehrte, aber gerechte Politik nach innen und außen. Die hier sich einstellenden Differenzierungen müssen aufrechterhalten bleiben, wenn der Gewinn des Glaubens nicht wieder verspielt werden soll. Die religiöse Institution der Kirche muß sich daher auf ihre den Glauben weckende Funktion beschränken; gerade diese Selbstbeschränkung trägt zur Förderung gesellschaftlich-politischer Gerechtigkeit bei, weil sie deren Gewinn von schlechthin verbindlichen Gewissensurteilen unabhängig macht. Die Institutionen des Staates und der Gesellschaft sind zur Selbstbeschränkung aufgefordert, damit sie die Bildung der Gewissen frei lassen und sich nicht selbst ideologisieren; dafür ist aber die Anerkennung von Instanzen und Organisationen nötig, die sich speziell diesem Zweck widmen. Die Selbstbegrenzung ausdrückende Anerkennung von Kirchen folgt daher aus eigenem Interesse des Staates.

Der elementare Akt des Unterscheidens vollzieht sich als Zweiteilung, und er läßt sofort die Frage nach der im Hintergrund anzunehmenden Einheit stellen. Nun besteht ein markanter Unterschied zwischen der aus dem Gedanken der Glaubensgerechtigkeit folgenden Serie von Unterscheidungen und einer synthetischen Dialektik, wie man sie bei Hegel finden kann. Die synthetische Dialektik baut sich durch die – mehr oder weniger klar zu gliedernde – Abfolge von Unterscheidungen selbst auf; sie besteht also nur in der Form des Vorgenommenwerdens solcher Differenzen, die stets auf sich selbst und andere verweisen. Für die eigentümliche Dialektik der Glaubensgerechtigkeit gilt dagegen, daß die Entfaltung von Differenzen der Befestigung einer einzigen Einsicht dient, nämlich der Begegnung von Gott und Mensch in »Gesetz« und »Evangelium«, wie soeben beschrieben; insofern gibt es zwar eine gewisse Folgerichtigkeit in der Reihe der Unterscheidungen, die vorgenommen werden, diese Unterscheidungen sind aber selbst nicht Elemente der damit umschriebenen Einsicht. Das heißt: Bei der theologischen Dialektik der Glaubensgerechtigkeit handelt es sich nicht um eine »logische«, sondern um eine »hermeneutische« Dialektik, in der die Unterscheidungen dem Verstehen der Sache dienen, aber nicht zu ihrer Konstitution beitragen. Diese Betrachtungsweise ist wichtig, um ein Urteil über die duale bzw. dualistische Struktur des Denkens Luthers zu gewinnen. Einerseits folgt der Dualismus aus der logischen Priorität der Zweiteilung beim Unterscheiden überhaupt; insofern ist er unvermeidlich. Wenn man aber einsieht, daß alle Unterscheidungen lediglich einen gemeinsamen Punkt umspielen, dann verlieren sie ihren festlegenden, dualisierenden Charakter. Die apokalyptisch getönte weltanschauliche Basis Luthers erweist sich vor dem Hintergrund dieser Differenz als nicht konstitutiv für eine Rezeption seiner Theologie. Im Gegenteil, man kann, diesem Gedanken folgend, Luthers eigene historische Fixierungen dualer Strukturen als unzulässig kritisieren, ohne selbst auf das Vornehmen dualer Unterscheidungen verzichten zu müssen. Diese Kritik an Luther ist aber auch erforderlich, wenn man seine Theologie für ein gegenwärtiges Selbst- und Weltverständnis erschließen will.

Wenn diese Rekonstruktion und diese Kritik zutreffen, dann eröffnen sie eine Deutung der Gegenwart, die die Lebensform evangelischen Glaubens genauer zu bestimmen hilft. Denn tatsächlich ist es ja der Fall, daß die Lebenswelten in derzeitigen Gesellschaften von einer großen Vielfalt geprägt sind, die sich nicht mehr auf einfache Gegensätze zurückführen läßt. Man muß daher mit einer Überlagerung verschiedener Ordnungs- und Einteilungsschemata rechnen, über die sich Selbst- und Weltvertrautheit auslegen. Diese Pluralität führt dazu, die Frage nach dem Ort eigenen Lebens schärfer zu sehen; sie macht jedoch zugleich die Bestimmung dieses Ortes sehr viel schwieriger. In dieser Situation bietet Luthers Vorstellung der Glaubensgerechtigkeit ein aufschlußreiches Modell für aktuelles Sichverstehen an. Im Leben selbst wird eine Dimension eröffnet, die als Gottesbeziehung des Glaubens begriffen wird; dieser Grundbezug des Lebens ist allen Lebensmomenten gleichermaßen gegenwärtig. Insofern baut sich über den Glauben ein Integrationspunkt des Lebens auf, der seine Konstanz gerade nicht aus dieser oder jener Lebensweltverflochtenheit gewinnt, an der er unvermeidlich teilhat, sondern aus der aktualen Gottesbeziehung. Allerdings verlangt dieser Glaube, dann auch stets im Vornehmen von Verknüpfungen der Lebensweltbestände betätigt zu werden. So sehr er rein innerlich verfaßt ist, so sehr ist seine Anwendung im Leben ihm unerläßlich. Das bedeutet: Gelebter Glaube schafft – durch das Vornehmen von Unterscheidungen und Zuordnungen – Lebensweltkohärenzen in unüberschaubaren Verhältnissen. Dieser Aufbau von »Lebensstilen des Glaubens« geschieht in sozialen Zusammenhängen, die auch dann, wenn sie von unterschiedlichen Bedingungen bestimmt sind, eine vergleichbare, mindestens eine untereinander kommunikable Struktur besitzen. Die Kommunikationsgemeinschaft des Christentums gestaltet sich auf diese Weise. Und als ein derartiges kommunikatives Netz nehmen Kirchen ihre Rolle im Zusammenhang der Kultur wahr. Luthers Theologie kann, heute rekonstruiert, zur Wahrnehmung dieser Aufgabe Anstoß und Orientierung geben.

Damit ist noch einmal die Kontextabhängigkeit der hier vorliegenden Einführung betont. Es zeigt sich aber in der Geschichte der Luther-Interpretation, daß eine Inanspruchnahme Luthers aus aktuellem Interesse in aller Regel der Fall war. Auf die Umstände dieser Aneignung soll im folgenden geachtet werden.

Martin Luther als exemplarische Gestalt von Identifikation und Verurteilung

Blickt man auf den Umgang mit Luther in der Geschichte, dann kann man zwei Tendenzen beobachten, die miteinander zu konkurrieren scheinen, in Wahrheit aber sachlich zusammenhängen: Konzentration auf die Person und gespaltene Bewertung. Die Gestalt Luthers neigt dazu, sich als Projektionsfläche anzubieten, sei es für eigene Ideale, sei es für das, was verdrängt werden soll. Die unterschiedliche Einschätzung aber folgt genau dann aus der Aneignung, wenn sie die Person – so oder so, positiv oder negativ – absolut setzt. Warum ist Luther für derartige Projektionen attraktiv? Läßt sich ein solcher Umgang mit Luther vermeiden?[76]

Fixierung auf seine Person und Spaltung des Urteils über sie lassen sich bereits zu Lebzeiten Luthers beobachten.[77] Auf der – im Entstehen begriffenen – evangelischen Seite ist er bewundert und verherrlicht, als Prophet gefeiert und verehrt worden. Diese Hochschätzung galt freilich zunächst nicht dem historischen Individuum Luther als solchem, sondern ihm nur insofern, als er – als »Prophet« – in seiner Person die bestimmende Macht der Bibel als Wort Gottes neu zum Zuge brachte; so etwa hat sich Melanchthon geäußert. Dieses Gefälle der Beurteilung hat man freilich nicht immer eingehalten. Umgekehrt konnte Luther von katholischer Seite nicht nur moralisch disqualifiziert, sondern auch dämonisiert und verteufelt werden: als der Erzketzer, der sich selbst, seine Subjektivität, an die Stelle der heilsamen Lehre und Ordnung der Kirche setzte; so etwa Luthers Gegner Johannes Cochläus. Hier ist dann nicht wahrgenommen worden, daß Luther seine Selbständigkeit allein im Glauben wurzeln sah.

Dieses Modell, das eigene Leben und den eigenen Glauben konstruktiv von Luther herzuleiten oder polemisch gegen ihn zu profilieren, besitzt freilich durchaus Anhalt an ihm selbst. Denn der Glaube, der sich ganz auf Gott verläßt, schafft in der Tat eine schlechterdings gründliche menschliche Identität und Vereinzelung vor Gott. Religion und Individualität sind bei Luther exemplarisch verknüpft. Darum eignet sich seine Gestalt so sehr für den Umgang mit dem je eigenen individuellen Leben. Identifikation oder Verurteilung – beide wollen sich ganz auf Luther einstellen, ihn ganz aneignen oder ganz verwerfen. Dieses Urteil betrifft vor allem den religiösen Umgang mit Luther, also die konfessionelle Differenz.

Das ist da anders, wo er politisch in Anspruch genommen wird. Die deutsche Aufklärung hat, wo sie sich auf Luther bezog, von ihm als Ahnherrn der Freiheit gesprochen. Dabei hat sie seine Kritik an der katholischen Anstaltskirche im Blick gehabt, aber die religiösen Grundlagen dieser Kritik hinter dem eigenen Verständnis geistunmittelbarer Freiheit verschwinden lassen. Diese Form der Aneignung führt also zu einer Spaltung in Luther selbst. Den Widerpart dazu bietet ein politisch konservatives, deutsch-nationales Luther-Bild, wie es im 19. und in der ersten Hälfte des 20. Jahrhunderts vertreten wurde. Hier nahm man auf seine in der Tat veränderungsunwillige Haltung in Fragen gesellschaftlicher und politischer Ordnung Bezug. Allerdings dann auch nur so, daß das Gegenstück der Lutherschen Äußerungen über »Stände« und »Obrigkeit« vernachlässigt wurde: die eigentümliche christliche Freiheit, aufgrund deren er in den Institutionen und gegenüber den Obrigkeiten auf der Etablierung von Gegenseitigkeit beharrte. Auch diese Sichtweise also führt zu einer Halbierung Luthers.

Es ist die historische Forschung, die solcherlei Projektionen, wenn nicht verhindert, so doch kritisierbar gemacht hat. Vor dem Urteil geschichtlicher Betrachtung vergehen vorschnelle Eindeutigkeiten. Statt dessen tritt die Vielgestaltigkeit von Leben und Lehre Luthers in den Blick. Ernst Troeltsch hat in seiner Deutung Luthers davon profitiert. Statt in der Absicht eines Anschlusses an Luther diejenige Seite an ihm zu favorisieren, die dem eigenen Interesse zuträglich ist, nahm er die Gespaltenheit Luthers zwischen der vorwärtsdrängenden Dynamik christlicher Freiheit und der als hemmend eingeschätzten Bindung an die Bibel als autoritatives Gotteswort wahr. In seiner kulturgeschichtlichen Perspektive hielt Troeltsch allein den christlichen Freiheitsimpuls für anschlußfähig, der in seiner Gegenwart nicht mehr allein über die Bibel begründet werden könne. Troeltschs Luther-Bild ist differenziert, indem er an einem inneren Gegensatz bei Luther festhält. Seine Luther-Deutung führt ihn dann aber doch wieder zu einer wertenden Aufteilung; das ist ein sicheres Zeichen dafür, daß auch die historische Betrachtungsweise sich einer synthetischen Zusammenschau nicht entschlagen kann.

Troeltschs Berliner Antipode, der Kirchenhistoriker Karl Holl, hat dagegen den inneren Zwiespalt bei Luther nicht weltanschaulich, sondern theologisch gedeutet; damit ist er zur Kristallisationsgestalt der »Luther-Renaissance« im ersten Drittel des 20. Jahrhunderts geworden. Die Kennzeichnung der bei Luther zu findenden Gegensätze als aus einem theologischen Ursprung resultierend bedeutet, daß sich auch eine Luther-Aneignung nicht darüber hinwegsetzen kann. Vielmehr kommt es darauf an, die Zusammengehörigkeit dieser Gegensätze sowohl in Luthers Leben selbst als auch im Leben der Aneignenden als unaufhebbar zu verstehen. Bei Holl jedoch stand dieser weiterführende Gedanke noch zu sehr unter dem Eindruck der überwältigenden Persönlichkeit Luthers; daher konnte er Luther zum Vorbild stilisieren, statt ihn als Exempel christlichen Lebens zu deuten.

Wenn hier versucht wurde, Elemente des Luther-Bildes von Troeltsch und Holl miteinander zu verbinden, so darum, weil mir die Einsicht in den theologischen Ursprung der bei Luther zu beobachtenden Gegensätze unaufgebbar scheint. Diese Gegensätze werden ja nicht einfach als weltanschauliches Schicksal hingenommen, sondern als Unterscheidungen selbst vollzogen. Ein solcher Vollzug von Unterscheidungen ereignet sich zwar in einem gegenüber unserer Gegenwart sehr viel stabileren vorneuzeitlichen Weltbild. Es ist aber gerade die Übernahme der Unterscheidungsvollzüge in die eigene deutende Verantwortung des Theologen, die diese Weltbildbindung auch wieder kritisierbar macht. Und eben die Wiederholung der bei Luther ausgebildeten Unterscheidungen unter den Bedingungen unserer differenzierten Gegenwartskultur ist die Art und Weise, wie eine religiöse Orientierung in ihr und ein religiöser Umgang mit ihr möglich ist. In diesem Sinn, also vermittelt über die eigene theologische Urteilsbildung im aktuellen Kontext, ist und bleibt Luther eine vorzügliche exemplarische Gestalt evangelischen Christentums.

Martin Luther als Exempel evangelischen Glaubens im offenen Horizont der Gegenwartskultur

Eine gegenwärtige Beschäftigung mit Luther kann unterschiedliche Absichten verfolgen. Es ist möglich, eine grundsätzlich historische Haltung einzunehmen, sei es eher kulturgeschichtlich, sei es eher sozialgeschichtlich orientiert. Dann wird man nach Luthers Bedeutung für die Umgestaltung der Kultur oder die Entwicklung – oder auch Hemmung – gesellschaftlicher Entwicklungen fragen. Es findet sich neben diesem Zugang auch ein spezifisch theologischer, der an der Rekonstruktion der Lehre interessiert ist, entweder in dem Sinne, daß man diese Lehre in den Zusammenhang der christlichen Lehrbildung überhaupt einzustellen sich bemüht, oder mit der Zielsetzung, aus ihr Momente des gegenwärtig Geltensollenden zu gewinnen. Schließlich mag es auch noch eine biographisch-psychologische Betrachtungsweise geben, die am Schicksal des Individuums in seiner Zeit interessiert ist.

Alle diese Wege, sich mit Luther zu befassen, sind nicht nur sinnvoll, sondern versprechen auch reiche Einsicht. Fragt man aber nach dem Zusammenhang dieser unterschiedlichen Perspektiven, dann wird man sich auf das Verhältnis von theologischer Lehre und gelebtem Leben bei Luther selbst verwiesen sehen. Weder sind seine kultur- und sozialgeschichtlichen Wirkungen ohne seine Theologie zu verstehen, noch läßt sich seine Theologie erfassen ohne ihren historischen Kontext; und zumal die Biographie bleibt verschlossen, wenn man nicht die theologischen Selbstdeutungen als Weg zum Verstehen nutzt. Daß man immer wieder auf den Zusammenhang von Lehre und Leben zurückkommen muß, bedeutet aber für den Interpreten, daß er durch seine Beschäftigung mit Luther selbst befragt wird nach der Art und Weise, wie sich in seinem eigenen Leben Lebensvollzug und Lebensdeutung zueinander verhalten. Wer Luther liest, wird die eigentümliche Erfahrung machen können, daß das eigene Selbstverständnis angerührt wird; stärker vielleicht, als es in anderen historisch-biographischen Studien der Fall ist. Diesem Anstoß sollte sich der Leser Luthers nicht entziehen wollen; er ist zur Bildung eines eigenen Selbstverständnisses fruchtbar. Denn er regt zur Ausbildung der Unterscheidungsfähigkeit an. Diese ist aber nicht nur gefordert für eine sinnerfüllte Deutung des eigenen Lebens, sondern auch für eine Lebensführung im Kontext pluraler Kultur. Die hier gegebene Einführung in Luthers Denken möchte zu dieser Haltung anregen: mit Luthers Gedanken experimentell umzugehen und nach *dem* Gewinn für das eigene Leben zu suchen, der christlich-theologisch im Begriff des Glaubens als Glaubensgerechtigkeit gemeint ist.

Anhang

Anmerkungen

1 Damit folge ich Gerhard Ebeling, Luther. Einführung in sein Denken, 4. Aufl., Tübingen 1990.
2 Georg Wilhelm Friedrich Hegel, Vorlesungen über die Philosophie der Geschichte, Frankfurt/M. 1970, S. 492-497.
3 Ernst Troeltsch, Luther, der Protestantismus und die moderne Welt, in: ders., Gesammelte Schriften, Bd. IV, Tübingen 1925, S. 202-254. Der Herausgeber, Hans Baron, hat diesen Text aus zwei im Abstand von zehn Jahren erschienenen Aufsätzen Troeltschs kompiliert; gleichwohl kann er als treffende Zusammenfassung von dessen Meinung angesehen werden.
4 Stephan Skalweit, Der Beginn der Neuzeit, Darmstadt 1982, S. 76-122.
5 Bernd Moeller, Deutschland im Zeitalter der Reformation, 3. Aufl., Göttingen 1988, S. 11-47.
6 Lateinisch WA 7, 838, 4-9; IL 1, 268f.
7 Das siebte Sakrament, die Priesterweihe, steht außerhalb dieser Reihe; sie ist gewissermaßen die allgemeine Bedingung dafür, daß das System der Heilszuwendungen überhaupt und legitimerweise funktioniert. Es ist – nun vor allem in der Verbindung mit dem Abendmahl als der Wiederholung des Opfers Christi, dem Ursprungsmysterium der Kirche – das Sakrament, das den heilsvermittelnden Charakter der Kirche überhaupt begründet und dauerhaft macht.
8 Erik H. Erikson, Der junge Mann Luther (zuerst englisch 1958), 4. Aufl., Frankfurt/M. 1989.
9 WA 1, 233,10f.; IL 1, 28.
10 WA 2, 713-723; BoA 1, 174-184.
11 Damit hat er zum ersten Mal den Brief vom 31. Oktober 1517 unterzeichnet, mit dem er dem Mainzer Erzbischof, Kardinal Albrecht von Brandenburg, seine 95 Thesen übersandte, WA.B 1, 119f.; IL 6, 16-19.
12 WA 7, 22,3-23,1; IL 1, 240f.
13 WA 54, 179-187; IL 1, 12-24.

14 WA 54, 185,14-20; IL 1, 22.

15 WA 54, 185,21-186,2; IL 1, 22f.

16 WA 54, 186,3-15; IL 1, 23.

17 WA 7, 25,6-21; IL 1, 244f.

18 WA 7, 24,10-14; IL 1, 243.

19 WA 39 II, 1-33 und WA 39 II, 92-121.

20 Von der Freiheit eines Christenmenschen (1520), WA 7, 29,7-16; IL 1, 250.

21 WA 7, 25,26-26,4; IL 1, 245f.

22 WA 30 I, 243,11-15; BSELK 507,39-42.

23 Vom unfreien Willen (1525), in: WA 18, 633,7: fides est rerum non apparentium; MüErg 1, 44.

24 In der genannten Schrift *De servo arbitrio/Vom unfreien Willen* (1525) (WA 18, 551-787; MüErg 1) in Reaktion auf Erasmus' *Diatribe de libero arbitrio/Gespräch über den freien Willen* (1524).

25 WA 18, 685, 14-17 und 29-31; MüErg 1, 108f.

26 WA 18, 685, 6f.; MüErg 1, 108. Vgl. Eberhard Jüngels gleichnamigen Aufsatz im Literaturverzeichnis.

27 WA 18, 713,25-27; MüErg 1, 146.

28 WA 18, 619,6-8; MüErg 1, 27.

29 WA 18, 709, 28f. und 710, 6f.; MüErg 1, 141.

30 Eine an Aristoteles angelehnte Definition des Menschen stellt Luther seiner *Disputation über den Menschen* (1536) (WA 39 I, 175-177) voran; die Thesen dieser Disputation bilden den impliziten Leitfaden der hier gegebenen Darstellung und sind der begleitenden Lektüre empfohlen: IL 2, 293-297. Vgl. dazu den Kommentar von: Gerhard Ebeling, Lutherstudien, Bd. 2: Disputatio de homine, Tübingen 1977-1989.

31 WA 7, 26,26; IL 1, 247. Die folgenden Ausführungen orientieren sich vor allem am zweiten Teil des *Freiheitstraktates*, den Abschnitten 19-30, WA 7, 29,31-38,15; IL 1, 251-263.

32 WA 7, 35,10; IL 1, 259.

33 WA 30 I, 244,20-27; BSELK 508, 28-34.

34 WA 7, 38,6-10; IL 1, 263.

35 So zu Beginn des dritten Teils der Schrift *Von den Konzilien und der Kirche* (1539), WA 50, 624-626; IL 5, 182-185. An dieser Schrift sind die Darlegungen im Text orientiert.

36 Besonders schön in der Schrift *Daß eine christliche Versammlung oder Gemeinde Recht und Macht habe, alle Lehre zu urteilen und Lehrer zu*

berufen, ein- und abzusetzen, Grund und Ursache aus der Schrift (1523), WA 11, 408-416; IL 5, 7-18.

37 Ebenda.

38 Das läßt sich gut studieren an der Schrift *Ein kleiner Unterricht, was man in den Evangelien suchen und erwarten soll* (1522), WA 10 I 1, 8-18; IL 2, 197-205.

39 WA 50, 628,19-629,31; IL 5, 188f.

40 BSELK 61.

41 Zur Organisation des Armenwesens und zum Umgang mit geistlichen Gütern vgl. Luthers Vorrede zu der Schrift *Ordnung eines gemeinen Kastens; Ratschlag, wie die geistlichen Güter zu handeln sind* (1523), WA 12, 11-15; IL 5, 19-26.

42 Vgl. hierzu u. a. die in IL 5 gesammelten Schriften.

43 *An die Ratsherrn aller Städte deutschen Landes, daß sie christliche Schulen aufrichten und halten sollen* (1524), WA 15, 27-53; IL 5, 40-72.

44 Im Verhältnis von Personsein und Handeln (Kap. 7) ging es vor allem um Sozialbeziehungen, wie sie sich aus der Perspektive der handelnden Subjekte selbst darstellen. Hier geht es dagegen um den solchem Handeln schon immer vorgegebenen Rahmen transsubjektiver Ordnung.

45 Dieser Gedanke leitete die Überlegungen unseres Kap. 6.

46 WA 11, 245-281; IL 4, 36-84. Diesem Text folgt die Darstellung.

47 Vom »Hauptstück dieser Rede« spricht er dort, wo es um die Grenzen der Obrigkeit geht: WA 11, 261,26; IL 4, 59.

48 Statt dessen wird den Fürsten, die sich als christlich verstehen wollen, im dritten Teil der Schrift ein »Fürstenspiegel« vorgehalten, an dem sie sich in der existentiellen Gefahr, die der Umgang mit Macht für sie bedeutet, orientieren können: WA 11, 271-280; IL 4, 73-84.

49 Zu den situationsbezogenen Umständen seiner Ausführungen gehört, daß unter »Obrigkeit« personal repräsentierte Herrschafts- und Rechtsverhältnisse zu verstehen sind, die nicht umstandslos auf den modernen bürokratischen Verfassungsstaat übertragen werden können; darum wird in der Rekonstruktion dort von »staatlichen Funktionen« gesprochen, wo über die personalen Abhängigkeiten hinaus Strukturen des Politischen betroffen sind. Gerade in einer Reduktion auf die Funktionen kommt freilich der Sinn von Luthers Unterscheidungen noch deutlicher in den Blick.

50 WA 11, 249,24-250,12; IL 4, 42f.

51 WA 11, 251,1-6; IL 4, 44.

52 WA 11, 251,15-18; IL 4, 45.

53 WA 11, 262,7-12; IL 4, 60.

54 WA 11, 264,23; IL 4, 63.

55 WA 11, 267,1-8; IL 4, 67.

56 WA 11, 260,17-19; IL 4, 58.

57 WA 11, 272,27; IL 4, 74.

58 WA 11, 278,19-25; IL 4, 82.

59 WA. B 10, 32-27 (Nr. 3733); IL 4, 304-311.

60 WA. B 10, 33,46; IL 4, 306.

61 WA 11, 252,12-14; IL 4, 46.

62 Dazu klassisch: Karl Holl, Luthers Urteile über sich selbst, in: ders.,
    Gesammelte Aufsätze zur Kirchengeschichte, Bd.1: Luther, 4./5. Aufl.,
    Tübingen 1927, S. 381-419. Dort auch reiches Belegmaterial, aus dem
    ich schöpfe.

63 WA 18, 291-334; IL 4, 100-131.

64 Wider die räuberischen und mörderischen Rotten der andern Bauern
    (1525), WA 18, 357-361; IL 4, 132-139.

65 Luthers Bemerkungen in: Vorrede und Vermahnung zu: Vertrag zwi-
    schen dem löblichen Bund zu Schwaben und den zwei Haufen der Bau-
    ern vom Bodensee und Allgäu (1525), WA 18, 336-343; IL 4, 140-143.

66 Luther hat seine in den Wirren des Jahres 1525 ungleichmäßig und zeit-
    versetzt wahrgenommenen Äußerungen zum Bauernkrieg im nachhin-
    ein zusammenzufassen und zu deuten versucht: Ein Sendbrief von dem
    harten Büchlein wider die Bauern (1525), WA 18, 384-401; IL 4, 144-
    169.

67 Rudolf Mau, Luthers Stellung zu den Türken, in: Leben und Werk
    Martin Luthers 1526-1546. Festgabe zu seinem 500. Geburtstag, hrsg.
    von Helmar Junghans, Bd. 1, Berlin/Göttingen 1983, S. 645-662 und
    Bd. 2, S. 956f.

68 WA 51, 585-625; IL 4, 274-300.

69 WA 51, 620,27; IL 4, 297.

70 Zu Luthers Stellung zum Islam: Hartmut Bobzin, Der Koran im Zeit-
    alter der Reformation, Beirut 1995.

71 Heiko A. Oberman, Wurzeln des Antisemitismus. Christenangst und
    Judenplage im Zeitalter von Humanismus und Reformation, Berlin
    1981.

72 Ders., Luthers Beziehungen zu den Juden: Ahnen und Geahndete, in:
    Leben und Werk Martin Luthers, a.a.O., S. 519-530.

73 Er bestand in dem Vorwurf, Luther habe – wie die jüdische Exegese – die Jungfräulichkeit Mariens geleugnet.
74 WA 11, 314-336. – Leider verzichten die modernen Auswahlausgaben auf einen Abdruck der sechs über die Juden handelnden Schriften, von denen zwei im Jahr 1523 erschienen sind (Daß Jesus Christus ein geborener Jude sei, WA 11, 314-336; Ein Sermon an dem Jahrestag von der Beschneidung der Juden, WA 12, 400-407), eine im Jahr 1525 (Ein Sermon von des jüdischen Reichs und der Welt Ende, WA 15, 741-758), zwei 1543 (Von den Juden und ihren Lügen, WA 53, 417-552; Vom Schem Hamphoras und vom Geschlecht Christi, WA 53, 579-648 und 679), eine 1546 (Vermahnung wider die Juden, WA 51, 195 f.). Damit wird eine aktuelle kritische Urteilsbildung erschwert. Vgl. aber W² 20, 1792-2109.
75 WA 53, 417-552.
76 Material zum folgenden bei: Heinrich Bornkamm, Luther im Spiegel der deutschen Geistesgeschichte, 2. Aufl., Göttingen 1970.
77 Material dazu bei: Ernst-Walter Zeeden, Martin Luther und die Reformation im Urteil des deutschen Luthertums, 2 Bde., Freiburg 1950-1952.

Literaturhinweise

1. Luthers Schriften

a) Ausgaben und Hilfsbuch

Die historisch-kritische Gesamtausgabe, das verbindliche Referenzwerk
für wissenschaftliches Arbeiten:

D. Martin Luthers Werke. Kritische Gesamtausgabe (Weimarer Ausgabe
= WA), Weimar 1883 ff., unveränd. Nachdr.: Graz 1964 ff. Umfang:
Abt. 1: Werke (=WA), bisher 66 Bde.; Abt. 2: Tischreden (=WA.TR),
6 Bde.; Abt. 3: Die Deutsche Bibel (=WA.DB), 11 Bde.; Abt. 4: Brief-
wechsel (=WA.B), 18 Bde.

Wissenschaftlichen Ansprüchen genügende Auswahlausgaben:

Martin Luther, Werke in Auswahl (Clemensche oder Bonner Ausgabe
=Cl/BoA), 8 Bde., hrsg. von Otto Clemen, Bonn 1912 ff., Berlin 1929
u.ö. (Bd. 1-4 auch als Sonderausgabe: Berlin 1983).

Martin Luther, Studienausgabe (=StA), 6 Bde. (bisher 5 Bde. erschienen),
hrsg. von Hans-Ulrich Delius, Berlin 1980 ff.

Als Leseausgabe und zur Anschaffung empfiehlt sich:

Martin Luther, Ausgewählte Schriften (Insel-Luther = IL), 6 Bde., hrsg.
von Karin Bornkamm/Gerhard Ebeling, Frankfurt/M. 1982 (zuletzt
als Insel-Taschenbuch 1995). Nach dieser Ausgabe wird, wo möglich,
in diesem Buch zitiert.

Manche, vor allem umfangreichere Texte, die sich hier nicht finden, sind
auf deutsch zugänglich in:

Martin Luther, Ausgewählte Werke in 6 Bänden (Münchner Ausgabe =
Mü), hrsg. von H.H. Borcherdt/Georg Merz, 3. Aufl., München 1948-
1965. Beachtenswert sind außerdem die 7 Ergänzungsbände zu dieser
Reihe (= MüErg); in ihnen sind u.a. wichtige, auf lateinisch erschie-
nene Einzelschriften Luthers, z.B. *De servo arbitrio/Vom geknechteten
Willen* (1525), auf deutsch enthalten.

Nahezu alle Luther-Texte auf deutsch (dazu eine Fülle von zeitgenössischen Dokumenten) enthält die Ausgabe:
Martin Luthers sämtliche Schriften, 23 Bde., hrsg. von Johann Georg
   Walch (Walchsche Ausgabe = W²), 2. Aufl., St. Louis/Mo. 1890-1910,
   Nachdruck: Groß Oesingen 1986f.

Ein Verzeichnis der Schriften Luthers und einen Schlüssel zu Luther-Ausgaben des 16. bis 20. Jahrhunderts enthält das unerläßliche Buch:
Kurt Aland, Hilfsbuch zum Lutherstudium, 4., überarb. Aufl., Witten
   1996.

b) Lesevorschläge

Es ist die erklärte Absicht dieser Einführung, zur eigenen Luther-Lektüre anzuregen. Dazu bietet sich als erstes das Studium einer ganzen Schrift Luthers im Zusammenhang an. In Betracht kommt etwa der Traktat *Von der Freiheit eines Christenmenschen* (1520) (IL 1, 238-263). Hier gibt Luther auf einem ersten Höhepunkt seiner schriftstellerischen Tätigkeit in einem gedrängten, ebenso seelsorgerlich eindringlichen wie gedanklich genauen Sinn Rechenschaft über die Mitte seiner Theologie. Dazu:
Eberhard Jüngel, Zur Freiheit eines Christenmenschen. Eine Erinnerung
   an Luthers Schrift, 3., durchges. Aufl., Gütersloh 1991.
   Einen aufschlußreichen Zugang zu dem bei Luther vorliegenden Zusammenhang von Theologie und Leben eröffnen Luthers Briefe. Eine sorgfältig ausgewählte und präzis kommentierte Sammlung liegt in der Insel-Ausgabe vor:
Martin Luther, Briefe. Auswahl, Übersetzung und Erläuterungen von
   Johannes Schilling (IL 6); auch einzeln als Insel-Taschenbuch 1995.
   Eine im Umfang sehr knappe, aber in der Auswahl und Anordnung zu umfassender Meditation der Theologie Luthers anregende Sammlung:
Martin Luther, Lektüre für Augenblicke. Gedanken aus seinen Schriften,
   Briefe und Tischreden. Auswahl und Nachwort von Walter Sparn,
   Frankfurt/M. 1983.
   Der Lektüre wie der Interpretation anempfohlen sind Luthers *Kleiner* und *Großer Katechismus*. Vor allem im *Großen Katechismus* findet sich Luthers Theologie in der Form eines Kommentars zu den Zehn Geboten, dem Apostolischen Glaubensbekenntnis, dem Vaterunser und den Sakramenten auf kurze Weise umrissen.

Wissenschaftliche Ausgabe in: Die Bekenntnisschriften der Evangelisch-Lutherischen Kirche (=BSELK), 6. Aufl., Göttingen 1967, S. 499-733. In einer deutschen Leseausgabe: Horst G. Pöhlmann (Hg.), Unser Glaube. Die Bekenntnisschriften der evangelisch-lutherischen Kirche, 3., erw. Aufl., Gütersloh 1991.

Zum Studium der Katechismen helfen:

Albrecht Peters, Kommentar zu Luthers Katechismen, 5 Bde., Göttingen 1990-1994.

Gunther Wenz, Theologie der Bekenntnisschriften der evangelisch-lutherischen Kirche, Bd. 1, Berlin 1996, S. 231-347.

Eilert Herms, Luthers Auslegung des Dritten Artikels, Tübingen 1987.

2. Sekundärliteratur

Die Titel werden in der Reihenfolge aufgeführt, in der ich sie zu rezipieren empfehle.

a) Bibliographie

Lutherjahrbuch. Organ der internationalen Lutherforschung, hrsg. im Auftrag der Luther-Gesellschaft Leipzig 1919-1941/Göttingen 1957 ff.

Herbert Wolf, Germanistische Luther-Bibliographie. Martin Luthers deutsches Sprachschaffen im Spiegel des internationalen Schrifttums der Jahre 1880-1980 (Germanistische Bibliothek 6), Heidelberg 1985.

b) Anleitungen zum Lutherstudium

Bernhard Lohse, Martin Luther. Eine Einführung in sein Leben und sein Werk, 3., vollst. überarb. Aufl., München 1997.

Herbert Wolf, Martin Luther. Ein Einführung in germanistische Luther-Studien, Stuttgart 1980.

c) Einführungen und Gesamtdarstellungen

Reinhard Schwarz, Luther, Göttingen 1986.

Martin Brecht, Martin Luther, 3 Bde., Stuttgart 1981-1987 (auch als Studienausgabe).

Bernhard Lohse, Luthers Theologie in ihrer historischen Entwicklung und in ihrem systematischen Zusammenhang, Göttingen 1995.

Gerhard Ebeling, Luther. Einführung in sein Denken (1. Aufl. 1964), 4. Aufl., Tübingen 1990.

Ders., Luthers Seelsorge. Theologie in der Vielfalt der Lebenssituationen an seinen Briefen dargestellt, Tübingen 1997.

Leben und Werk Martin Luthers 1526-1546. Festgabe zu seinem 500. Geburtstag, 2 Bde., hrsg. von Helmar Junghans, Berlin/Göttingen 1983.

Luther. Sein Leben in Bildern und Texten, Einführung von Gerhard Ebeling, hrsg. von Gerhard Bott/Gerhard Ebeling/Bernd Moeller, Frankfurt/M. 1983.

Martin Luther und die Reformation in Deutschland. Katalog der Ausstellung zum 500. Geburtstag Martin Luthers, veranstaltet vom Germanischen Nationalmuseum Nürnberg in Zusammenarbeit mit dem Verein für Reformationsgeschichte, Frankfurt/M. 1983.

d) Literatur zu den einzelnen Kapiteln dieses Buches

– Zu Kap. 1. Einleitung vgl. 2.c.

– Zu Kap. 2. Individuum und Epoche

Bernd Moeller, Deutschland im Zeitalter der Reformation (Deutsche Geschichte, Bd. 4), 3. durchges. und bibliogr. ern. Aufl., Göttingen 1988.

Horst Rabe, Deutsche Geschichte 1500-1600. Das Jahrhundert der Glaubensspaltung, München 1991.

Heinz Schilling, Aufbruch und Krise. Deutschland 1517-1648, Berlin 1988.

Stephan Skalweit, Der Beginn der Neuzeit. Epochengrenze und Epochenbegriff, Darmstadt 1982.

Richard van Dülmen, Kultur und Alltag in der frühen Neuzeit, Bd. 3: Religion, Magie, Aufklärung. 16.-18. Jahrhundert, München 1994.

Thomas Kaufmann, Die Konfessionalisierung von Kirche und Gesellschaft. Sammelbericht über eine Forschungsdebatte, in: Theologische Literaturzeitung 121, 1996, Sp. 1008-1025 und 1112-1121.

Georg Wilhelm Friedrich Hegel, Vorlesungen über die Philosophie der Geschichte, Theorie Werkausgabe, Bd. 12, Frankfurt/M. 1970.

Ernst Troeltsch, Luther, der Protestantismus und die moderne Welt, in:

ders., Gesammelte Schriften, Bd. IV: Aufsätze zur Geistesgeschichte und Religionssoziologie, hrsg. von H. Baron, Tübingen 1925, S. 202-254.

Karl Holl, Die Kulturbedeutung der Reformation, in: ders., Luther, 4./5. Aufl., Tübingen 1927, S. 468-543.

– Zu Kap. 3. Lehre und Leben

Gerhard Ebeling, Lehre und Leben in Luthers Theologie, in: ders., Lutherstudien, Bd. III: Begriffsuntersuchungen – Textinterpretationen – Wirkungsgeschichtliches, Tübingen 1985, S. 3-43.

Oswald Bayer, Theologie (Handbuch Systematischer Theologie 1), Gütersloh 1994, S. 35-126.

Erik H. Erikson, Der junge Mann Luther. Eine psychoanalytische und historische Studie, 4. Aufl., Frankfurt/M. 1989.

– Zu Kap. 4. Sünde und Gerechtigkeit

Berndt Hamm, Was ist reformatorische Rechtfertigungslehre?, in: Zeitschrift für Theologie und Kirche 83, 1986, S. 1-38.

Bernhard Lohse (Hg.), Der Durchbruch der reformatorischen Erkenntnis bei Luther, Darmstadt 1968.

Ders. (Hg.), Der Durchbruch der reformatorischen Erkenntnis bei Luther – Neuere Untersuchungen, Stuttgart 1988.

Gerhard Sauter (Hg.), Rechtfertigung als Grundbegriff evangelischer Theologie, München 1989.

Albrecht Peters, Rechtfertigung (Handbuch Systematischer Theologie 12), 2. Aufl., Gütersloh 1990.

– Zu Kap. 5. Gott und Mensch

Marc Lienhard, Martin Luthers christologisches Zeugnis. Entwicklung und Grundzüge seiner Christologie, Göttingen 1979.

Reinhard Schwarz, Gott ist Mensch. Zur Lehre von der Person Christi bei den Ockhamisten und bei Luther, in: Zeitschrift für Theologie und Kirche 63, 1966, S. 289-351.

Gerhard Ebeling, Die königlich-priesterliche Freiheit, in: ders., Lutherstudien, Bd. III: Begriffsuntersuchungen – Textinterpretationen – Wirkungsgeschichtliches, Tübingen 1985, S. 157-180.

Wolfgang Schwab, Entwicklung und Gestalt der Sakramentstheologie bei Martin Luther, Frankfurt/M./Bern 1977.

Ulrich Kühn, Sakramente (Handbuch Systematischer Theologie 11), 2. Aufl., Gütersloh 1990.

– Zu Kap. 6. Der offenbare und der verborgene Gott

Karl-Heinz zur Mühlen, Zur Gotteslehre Martin Luthers auf dem Hintergrund der mittelalterlichen Theologie, in: ders., Reformatorisches Profil. Studien zum Weg Martin Luthers und der Reformation, hrsg. von Johannes Brosseder/Athina Lexutt, Göttingen 1995, S. 123-138.

Eberhard Jüngel, Die Offenbarung der Verborgenheit Gottes. Ein Beitrag zum evangelischen Verständnis des göttlichen Wirkens, in: ders., Wertlose Wahrheit. Zur Identität und Relevanz des christlichen Glaubens. Theologische Erörterungen III, München 1990, S. 163-182.

Ders., Quae supra nos, nihil ad nos. Eine Kurzformel der Lehre vom verborgenen Gott – im Anschluß an Luther interpretiert, in: ders., Entsprechungen: Gott, Wahrheit, Mensch. Theologische Erörterungen, München 1980, S. 202-251.

Gunther Wenz, Luthers Streit mit Erasmus als Anfrage an protestantische Identität, in: Friedrich Wilhelm Graf/Klaus Tanner (Hg.), Protestantische Identität heute, Gütersloh 1992, S. 135-160.

– Zu Kap. 7. Personsein und Handeln

Wilfried Joest, Ontologie der Person bei Luther, Göttingen 1967.

Gerhard Ebeling, Lutherstudien II (in 3 Bden.): Disputatio de homine, Tübingen 1977-1989.

Eberhard Jüngel, Der menschliche Mensch. Die Bedeutung der reformatorischen Unterscheidung der Person von ihren Werken für das Selbstverständnis des neuzeitlichen Menschen, in: ders., Wertlose Wahrheit. Zur Identität und Relevanz des christlichen Glaubens. Theologische Erörterungen III, München 1990, S. 194-213.

– Zu Kap. 8. Sichtbare und verborgene Kirche

Karl Holl, Die Entstehung von Luthers Kirchenbegriff, in: ders., Luther 4./5. Aufl., Tübingen 1927, S. 288-325.

Ulrich Kühn, Kirche (Handbuch Systematischer Theologie 10), 2. Aufl., Gütersloh 1990.

– Zu Kap. 9. Geistliches und weltliches Regiment

Ulrich Duchrow, Christenheit und Weltverantwortung. Traditionsgeschichtliche und systematische Struktur der Zweireichelehre, Stuttgart 1970.

Heinz-Horst Schrey (Hg.), Reich Gottes und Welt. Die Lehre Luthers von den zwei Reichen, Darmstadt 1969.

Zur Zwei-Reiche-Lehre Luthers. Mit einer Einführung von Gerhard Sauter und einer kommentierten Bibliographie von Johannes Haun, München 1973 (darin: Harald Diem, Luthers Lehre von den zwei Reichen; Hermann Diem, Luthers Predigt in den zwei Reichen).

Eilert Herms, Art. Obrigkeit, in: Theologische Realenzyklopädie 24, 1994, S. 723-759.

– Zu Kap. 10. Jetzt und dann

Karl Holl, Luthers Urteile über sich selbst, in: ders., Luther, 4./5. Aufl., Tübingen 1927, S. 381-419.

Hans von Campenhausen, Reformatorisches Selbstbewußtsein und reformatorisches Geschichtsbewußtsein bei Luther 1517-1522, in: ders., Tradition und Leben. Kräfte der Kirchengeschichte. Aufsätze und Vorträge, Tübingen 1960, S. 318-342.

Martin Schmidt, Luthers Schau der Geschichte, in: Lutherjahrbuch 30, 1963, S. 17-69.

Heiko A. Oberman, Wurzeln des Antisemitismus. Christenangst und Judenplage im Zeitalter von Humanismus und Reformation, Berlin 1981.

Ders., Luthers Stellung zu den Juden: Ahnen und Geahndete, in: Leben und Werk Martin Luthers 1526-1546. Festgabe zu seinem 500. Geburtstag, hrsg. von Helmar Junghans, Bd.1, Berlin/Göttingen 1983, S. 519-530 und Bd. 2, S. 894-904.

Rudolf Mau, Luthers Stellung zu den Türken, in: Leben und Werk Martin Luther, a.a.O., Bd. 1, S. 647-662 und Bd. 2, S. 956-966.

Johannes Brosseder, Luthers Stellung zu den Juden im Spiegel seiner Interpreten. Interpretation und Rezeption von Luthers Schriften und Äußerungen zum Judentum im 19. und 20. Jahrhundert vor allem im deutschsprachigen Raum, München 1972.

Hartmut Bobzin, Der Koran im Zeitalter der Reformation, Beirut 1995.

– Zu Kap. 11. Martin Luther, der evangelische Glaube und die Kultur der Unterschiede

Ernst-Walter Zeeden, Martin Luther und die Reformation im Urteil des deutschen Luthertums. Studien zum Selbstverständnis des lutherischen Protestantismus von Luthers Tode bis zum Beginn der Goethezeit, 2 Bde., Freiburg 1950-1952.

Heinrich Bornkamm, Luther im Spiegel der deutschen Geistesgeschichte. Mit ausgewählten Texten von Lessing bis zur Gegenwart, 2., neu bearb. und erw. Aufl., Göttingen 1970.

Gerhard Ebeling, Befreiung Luthers aus seiner Wirkungsgeschichte, in: ders., Lutherstudien, Bd. III: Begriffsuntersuchungen – Textinterpretationen – Wirkungsgeschichtliches, Tübingen 1985, S. 395-404.

Bernd Moeller (Hg.), Luther in der Neuzeit. Wissenschaftliches Symposion des Vereins für Reformationsgeschichte, Gütersloh 1983.

Heinrich Assel, Der andere Aufbruch. Die Lutherrenaissance – Ursprünge, Aporien und Wege: Karl Holl, Emanuel Hirsch, Rudolf Hermann (1910-1935), Göttingen 1994.

Zeittafel

Ausführliche Chronologien finden sich bei:
Andrea van Dülmen, Luther-Chronik. Daten zu Leben und Werk, München 1983.
Johannes Schilling, Luther-Chronik, in: Martin Luther. Text + Kritik Sonderband, hrsg. von Heinz Ludwig Arnold, München 1983, S. 221-239.

1483	Martin Luther wird am 10. November in Eisleben geboren.
1484	Übersiedlung der Familie nach Mansfeld.
1486-1525	Friedrich der Weise Kurfürst von Sachsen.
1493-1519	Kaiser Maximilian I.
1496-1501	Schulbesuch Luthers in Magdeburg und Eisenach.
1503-1513	Papst Julius II.
1501-1505	Studium der Artes liberales in Erfurt.
1505	Eintritt ins Erfurter Kloster der Augustinereremiten.
1507	Priesterweihe Luthers, danach Studium der Theologie in Erfurt.
1509	Promotion zum Baccalaureus biblicus in Erfurt.
1510-1511	Reise nach Rom in Angelegenheiten seines Ordens.
1511	Abordnung an die Universität Wittenberg; seitdem in Wittenberg.
1512	Promotion zum Doktor der Theologie in Wittenberg.
1513-1515	Erste Vorlesung über den Psalter.
1513-1521	Papst Leo X.
1515-1516	Vorlesung über den Römerbrief.
1517	»Thesenanschlag«, Beginn des Ablaßstreites.
1518	Berufung Philipp Melanchthons (1497-1560) als Professor des Griechischen an die Universität Wittenberg. Verhör Luthers durch Kardinal Cajetan in Augsburg.
1519-1556	Karl V. (1500-1558) Kaiser.
1519	Disputation Luthers und Karlstadts mit Johannes Eck in Leipzig: Kritik am Papsttum.

1520	Bannandrohungsbulle gegen Luther. – Veröffentlichung der reformatorischen Hauptschriften *Von der Freiheit eines Christenmenschen, Von der babylonischen Gefangenschaft der Kirche, An den christlichen Adel deutscher Nation von des christlichen Standes Besserung.* Verbrennung der Bannandrohungsbulle.
1521	Bann gegen Luther. Verhör auf dem Reichstag zu Worms. Reichsacht über Luther und seine Anhänger. Aufenthalt auf der Wartburg (bis Frühjahr 1522); Arbeit an der Übersetzung des Neuen Testaments sowie zahlreichen Schriften.
1522	Rückkehr nach Wittenberg. Ausbreitung der reformatorischen Bewegung. Erstes Erscheinen des *Neuen Testaments Deutsch (Septembertestament).*
1525	Bauernkrieg in Thüringen. – Heirat Luthers mit Katharina von Bora. *De servo arbitrio* gegen Erasmus von Rotterdam.
1525-1532	Johann der Beständige Kurfürst von Sachsen.
1526	Schlacht bei Mohács: Sieg der Türken über die Ungarn.
1527-1529	Innerreformatorische Auseinandersetzungen über das Abendmahl.
1529	Erscheinen des *Kleinen* und des *Großen Katechismus.* Scheitern des Marburger Abendmahlsgesprächs mit Zwingli.
1530	Reichstag zu Augsburg; Luther darf wegen der Reichsacht Kursachsen nicht verlassen und bleibt auf der Veste Coburg. Melanchthon verfaßt im Auftrag der evangelischen Stände das grundlegende Bekenntnis des Luthertums, die *Confessio Augustana.*
1531	Zusammenschluß evangelischer Stände zum Schmalkaldischen Bund.
1532-1547	Johann Friedrich der Großmütige Kurfürst von Sachsen.
1534	Erscheinen der ersten vollständigen hochdeutschen Bibel in Luthers Übersetzung.
1536	*Disputatio de homine.* – Wittenberger Konkordie, in der sich die Wittenberger Theologen mit Martin Bucer (für die Oberdeutschen) über die Auffassung des Abendmahls verständigen.
1537-1539	Heftiger Streit in Wittenberg zwischen Luther und seinem

ehemaligen Schüler Johann Agricola über den Sinn und die Geltung der theologischen Kategorie »Gesetz«.

1538	Nürnberger Bund der katholischen Stände gegen die Protestanten.
1539	Erscheinen des ersten Bandes der deutschen Reihe der Wittenberger Gesamtausgabe der Werke Luthers.
1540-1541	In Religionsgesprächen in Hagenau, Worms und Regensburg wird vergeblich eine tragfähige Verständigung zwischen den Religionsparteien gesucht.
1544	Einberufung eines Konzils durch Papst Paul III. nach Trient (eröffnet 1545).
1545	Erscheinen des ersten Bandes der lateinischen Reihe der Wittenberger Gesamtausgabe der Werke Luthers.
1546	Martin Luther stirbt am 18. Februar in seiner Geburtsstadt Eisleben.

Dietrich Korsch, geb. 1949, Studium der Theologie in Wuppertal, Bonn und Göttingen. 1978 Promotion in Göttingen mit einer Arbeit über Schellings Spätphilosophie (Der Grund der Freiheit, München 1980). 1987 Habilitation in Göttingen mit einem Buch über Rezeptionsformen der Theologie Luthers um die Wende zum 20. Jahrhundert (Glaubensgewißheit und Selbstbewußtsein, Tübingen 1989). Seit 1991 Professor für Systematische Theologie und Theologische Gegenwartsfragen an der Universität Passau. Hauptarbeitsgebiete: deutscher Idealismus und dialektische Theologie; Theologie und Kultur. Zuletzt erschienen: Dialektische Theologie nach Karl Barth, Tübingen 1996; Religion mit Stil. Protestantismus in der Kulturwende, Tübingen 1997.

François Dosse
Geschichte des Strukturalismus
Aus dem Französischen von Stefan Barmann

Band 1: Das Feld des Zeichens, 1945-1966
624 Seiten, Klappenbroschur
ISBN 3-88506-266-6

Band 2: Die Zeichen der Zeit, 1967-1991
624 Seiten, Klappenbroschur
ISBN 3-88506-267-4

Von Frankreich ausgehend, hat der Strukturalismus in den sechziger Jahren die geistes- und sozialwissenschaftlichen Fakultäten der europäischen Universitäten erorbert. Anthropologen und Soziologen, Psychologen und Psychoanalytiker ebenso wie Philosophen brachen mit ihren Traditionen; sie hofften, auf der Grundlage einer fachspezifischen Rezeption der strukturalistischen Sprachwissenschaften ein den Naturwissenschaften vergleichbares Instrumentarium zu gewinnen.

François Dosse verbindet die Kenntnis der breiten Werkbasis mit zahlreichen Gesprächen mit den Akteuren, die den gesellschaftlichen Hintergrund und das Klima an den Universitäten spürbar machen. In dieser wohl detailliertesten Auseinandersetzung mit dem Strukturalismus wird die ganze Vielfalt ähnlicher und doch widerstreitender Ansätze deutlich.

»... überaus lesenswert – eine minutiöse Darstellung.«
                                                    Tagesanzeiger, Zürich